どこまでも深く――極限の世界へ
©Daan Verhoeven

世界で最も深いとされるバハマのブルーホール。世界大会も開かれる

光あふれる水面へと
浮上。ほっとする瞬間
©Daan Verhoeven

2014 年イタリアで開催された
世界選手権 © 野田幾子

競技中はセーフティダイバーが選手を
サポート ©Daan Verhoeven

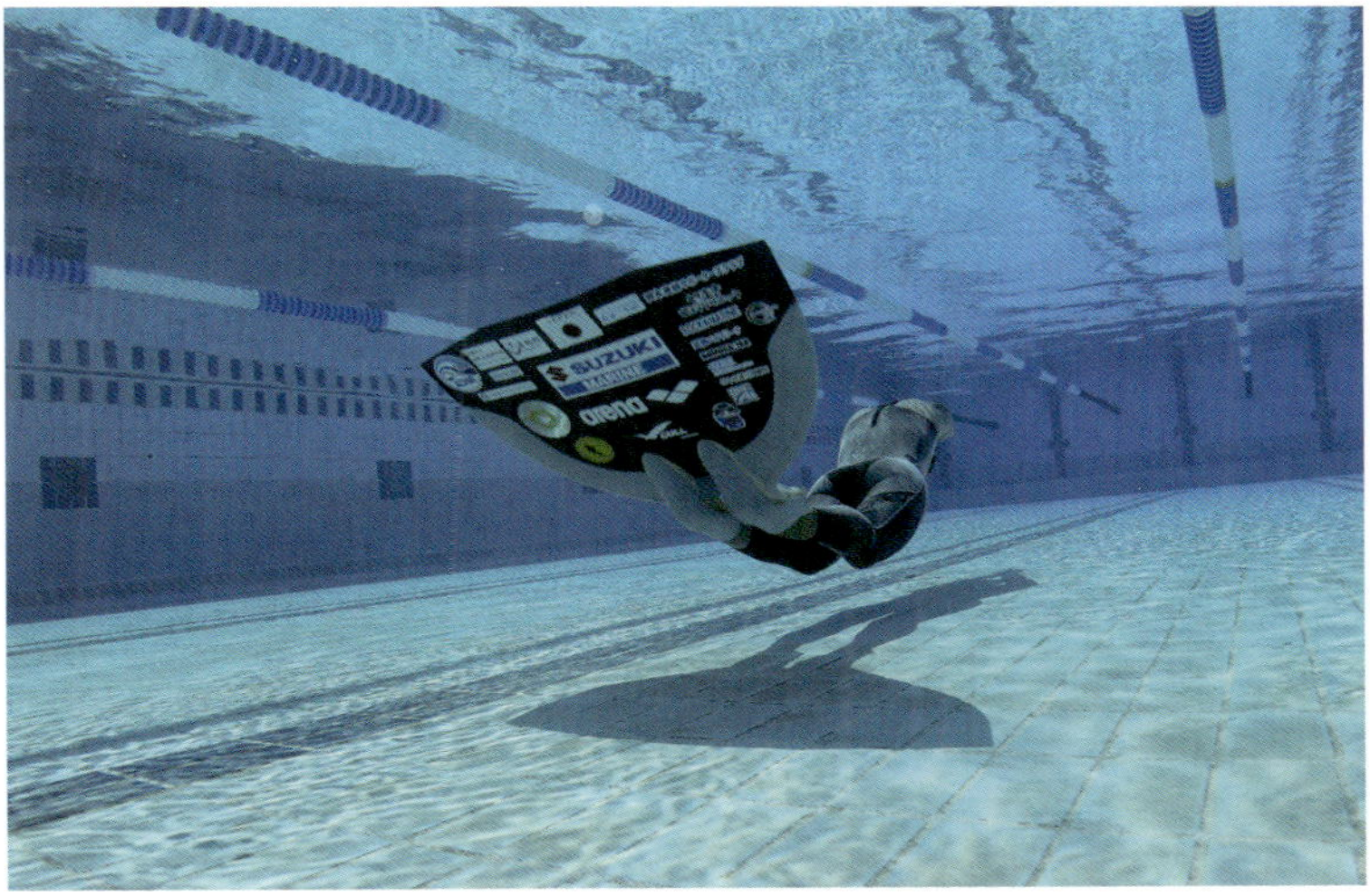

フリーダイビングでは距離等を競うプール種目もおこなわれる

小笠原でイルカと泳ぐ © 永嶋奏子

ドルフィンスイムを楽しむ©大倉清司

ジンベイザメと遭遇

ヨガ（瞑想）で心を整える ©野田幾子

フリーダイビングというスポーツ

フリーダイビングは水中で呼吸するための装備をつけない素もぐりを競うスポーツで、別名アプネア（ギリシャ語で〝息止め〟を意味する）とも呼ばれる。おなじく素もぐりのアクティビティとしてはスキンダイビングが日本でも親しまれてきた。両者のちがいは、スキンダイビングが水深一〇メートル程度の海中で自由に素もぐりを楽しむのに対して、フリーダイビングは海とプールに競技会場をしつらえ、潜水の深度、距離、時間をルールのもとに競い合うところにある。つまり、シンプルな素もぐりに高度な競技システムを加えたものがフリーダイビングといえる。

イタリア漁師の素もぐりくらべがフリーダイビング競技の起源といわれるように、深さへの興味と挑戦は人間の根源的な好奇心の表れであり、この競技の本質といえる。この好奇心による自由なチャレンジは、整えられた安全体制と安全で自立したフリーダイバーによって、はじめて健全なマリンスポーツとして持続可能となる。

身体ひとつで深海へもぐるということは、ただの無謀な賭けではなく、海への畏敬をもって自己と向き合う奥深い行為なのだ。

ちなみに素もぐり以外のダイビングにはスノーケリングとスキューバダイビングがある。スノーケリングはマスク（水中メガネ）・フィン（足ヒレ）・スノーケル（空気を吸う筒）を身につけて、海面付近に浮いてスノーケルの先を水面にだして、呼吸をしながら海中の様子を眺めて楽しむ。スキューバダイビングはマスク・フィンのほかに空気タンクを背負い、水中で必要な装備を身につけて、海の神秘的な世界を体験する。いずれもレジャー性のつよいアクティビティといえる。

無の世界へ。日常とはまったく異なる感覚に包まれる ©Daan Verhoeven

なると水圧によって肺の体積がちいさくなり、重力で身体が自然に落ちてゆく。フリーフォールとよばれるテクニックはダイバーを海の深みにいざなってくれるけど、わたしは真っ暗な世界へと吸いこまれる感じがちょっと怖い。水を怖れていた子どもの自分が顔をのぞかせるのだろう。だいじょうぶ——そんな声をきいた気がした。そうだ。不安はどこにもない。リラックスしながら海に抱かれていこう。それはきっと、心の発することば。

わたしは脱力状態で落ちながらも、つねに「耳抜き」のことは考えている。水圧によって鼓膜を傷めないように、すこしずつ空気を中耳へ送る「耳抜き」をおこなうのだが、深度とともに耳は抜けにくくなる上、送りだす空気もすくなくなってしまう。わたしの場合は七〇メートルくらいからきつくなることがあるが、今回はうまくいきそうだ。

深くもぐるほど、みんなとの距離もひろがって、普段住んでいる世界から離れていく。見えるものは——、きこえるものは——、何もない。無の世界に放り出されたよう海の競技ではオフィシャルトップのコールから三〇秒以内の潜水スタートときまっている。身をひるがえして水のなかへ。最初のフィンキックは力強く、思いをこめて蹴る。目標は九四メートル。今回わたしが申告した深さだ。九〇メートル台は何回も成功している。きっとそこまで行けると信じているから、何だかワクワクしていた。九〇メートルをもぐって帰ってくるまで三分あまり。日常ではわずかの時間だけれども、水のなかではとても長い旅に感じる。わたしにとってダイブは、いつだって旅のはじまりの期待と不安に満ちていた。

宇宙へと落ちていく

目標に近づくと、ウエットスーツのフードに入れてあるダイブコンピュータがピピッというちいさなアラーム音で教えてくれるのだけれど、そこまでの道のりは、身体が感じる水圧でどのくらいの深さにいるのかを知る。今、二〇メートルを過ぎたところ。のびのびと泳ぐ心地よさを感じる深さだ。

まもなく水面からの光がとどかなくなり、目の前のガイドロープはきえてしまう。六〇メートルをこえたあたりで、わたしは泳ぎをやめて全身の力を抜いた。この深さに

プロローグ

心が身体を動かしている

さあ、旅のはじまりだ

5……4……3……2……1……オフィシャルトップ！

競技開始のアナウンスにあわせて、水面に浮いたわたしは最後の呼吸をおこなった。ゆっくりと、目一杯に息を吸いこむ。さらに空気を入れる技術をつかい、腹部と胸郭はおおきく広がった。

こうしてもぐる直前のわたしの肺活量は、五五〇〇ccくらいまで増える。ただ、ちかごろは限界まで空気を入れずに、肺にすこしの柔らかさを残してもぐるようにしている。何事も余裕は必要なのだろう。ちょっとしたあそびがあると身体も動きやすく、断然もぐりやすい。

平常心のレッスン。

カナヅチでフツーのOLだったわたしが
フリーダイビングで世界一になれた理由

岡本美鈴

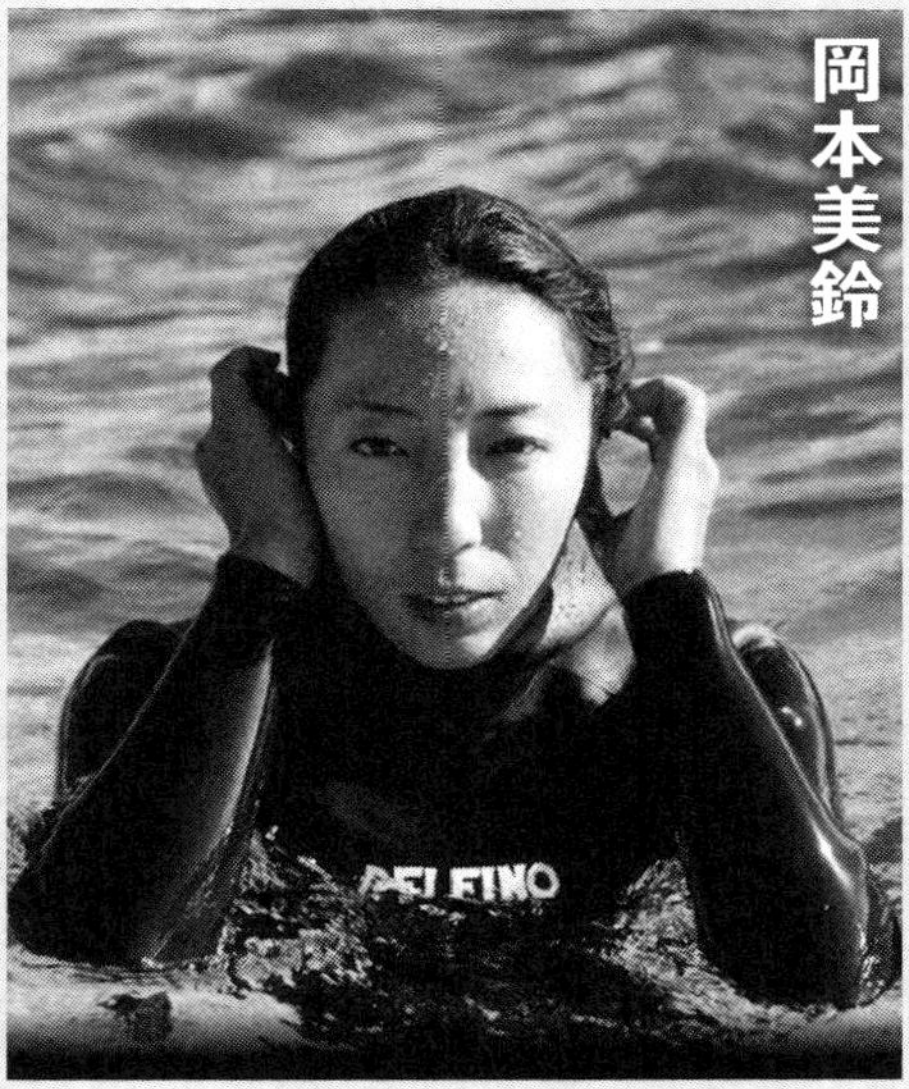

旬報社

で、わたしは急にひとりぼっちになる。身ひとつの心もとなさをささえるのは、全身にまんべんなくかかる水圧だ。その重さがむしろ、無に帰してしまいそうなわたしを確かな存在としてあつかってくれる。

海に抱きすくめられて、どこまでも落ちていくわたしは羊水に包まれた胎児のよう。わたしはこんなふうに生まれてきたのだろう。そして、これから何度も生まれていくにちがいない。日常ではけっして感じることのない思いに全身が満たされる。

そのときアラーム音が鳴った。八七メートル。もうすぐだ。目の先にはボトムプレートが真っ暗ななかで光っている。まるくて白い宇宙船。伸ばした右手が——とどいた。九四メートル。まるで宇宙ステーションにたどり着いたみたい。ウエットスーツは宇宙服。フリーダイバーはみんな、それぞれの海へ旅立つ飛行士だ。

プレートの端に貼られたタグをもぎとり、ターンをおこなう。耳の空気もまだ残っているから、もうすこし先まで行けるかもしれない。そんな余裕を残して、帰還のための浮上を開始する。

心の力

行きの潜行は瞑想状態で脱力しながら、目標のプレートまで落ちていくが、帰りの浮上はそれとは逆に、意識をしっかりともち、体内の力をふりしぼって上っていく。重力で身体がどんどん沈んでいくのに逆らって、水面を目指してまずは加速をこころみる。これにはターン直後、いかに抵抗のすくないフィンワークができるかにかかっている。一蹴りごとのドルフィンキックは、足の力をつかわずに腹筋はじめ体幹などのインナーマッスルでおこなう。体力に自信のないわたしが身につけた、酸素消費を抑えて、疲労を感じないための秘訣だ。

けれども、どれほどうまく泳いでも、疲れて全身の力が入らなくなる瞬間はかならずやってくる。そのとき気持ちが折れたら、一気にネガティブになって、すべてのものが怖くなってしまうだろう。六〇メートル・五〇・四〇……浮上の途中で身体のうちから苦痛と疲労をともなった何ともいえない孤独感が全身にひろがっていく。体力はもう限界にきている。ここから先は、心が身体を動かすゾーンだ。

みんなが待っている世界に生きて帰ろう。その気持ちをしっかりもたないと、ブラックアウトという失神の危険が高まってしまう。わたしを応援してくれる仲間たちの顔が浮かぶ。大会に行く前に「がんばってね」と声をかけてくれた方々の力が、いちばんつらいときにわたしを引っ張り上げてくれるのだ。

みんな、ありがとう。大切な人たちがわたしに不思議な力をあたえてくれるから、わたしは帰ってこられる。身体はヘトヘトのはずなのに、三〇メートル付近で出会うセーフティダイバーとのアイコンタクトで、思わず微笑んでしまった。

メンタルが左右する

フリーダイビングはメンタルによっておおきく左右される。深い水深からの浮上中、疲労と酸欠で極限状態になると、気持ちを強くもたなければ、動かなくなってしまうからだ。逆にいえば、身体が限界に達しても、心のコントロールで身体は動く。もちろん、ほかのスポーツとおなじでフィジカルの強さも大切な要素なのだけれども、太い筋肉をつけたり、ウェイトコントロールが重要視されるわけでもない。多くは日々の練習によって強い心が自然と身についていくように思う。

強靭な肉体を得るよりも、むしろ柔軟な精神を保つことによって好結果を残せる。そこにフリーダイビングの奥深さがある。アスリートの多くが比較的高年齢で頂点をめざしているのも、身体能力だけでなく経験を重ねた心の強さがものをいうスポーツだからだろう。かつてロシアのナタリア・モルチャノワ選手は五〇歳代であってもフリーダイビングの世界に君臨し続けていた。彼女は一〇〇メートルをもぐったあとのクールダウンに数キロ泳いでしまうような、あきれるほどの肉体のもち主でもあったけれど、それに加えて、いかなる困難にも立ち向かえる精神力の強さが彼女の言動の端々にあらわれていた。

フリーダイビングを自分なりにきわめることは、つまるところ精神的な高みにのぼりつめることだ。それを実践するには、泳ぐ、もぐる、息を止めるだけでなく、人とお話をしたり、車を運転したり、アイスクリームを食べたり、生きるために呼吸をすることまで、日常のあらゆることがレッスンとなった。自分を俯瞰して観察する精神的な生活を送ること、いいかえれば「今」に意識を置いて、平常心を保つ練習が、フリーダイビングの上達とつねにつながっていたからだ。

この本を通じてフリーダイビングをたくさんの人に知っていただければと思う。このすばらしいスポーツがひとりでも多くの方に興味をもっていただければ幸いだ。けれども、その真の魅力を語ることができるのか、すこしだけ不安がある。わたしはまだ発展途上にあって、何もきわめてはいないからだ。それに、これはわたしのサクセスストーリーなどではなくて、むしろ失敗が多く、とても日常的な悩みごともテーマとなっている。

だからフリーダイビングの伝導などという、およそわたしに重荷となるものははずそう——プレッシャーをなくすことはわたしのもち味だ。

フリーダイビングというすてきなスポーツがあって、その競技は精神的な生き方が鍵となるのだけれど、そうした精神生活って、多くの人が日常こうありたいと考えている理想に近いのではないだろうか。もしも、うまくいかないと考えている人がいたなら、つまり、わたしとよく似た人にとって、この本がよい話し相手となってもらえたら、とてもうれしく思います。

目次

Part 2 自分を磨く　69

Part 3 伝える 117

エピローグ

Part 1 技をきわめる

心の猿を受け入れる

水とひとつに

最初にピザがあらわれたので、ちょっと面食らった。石窯から出されたばかりのクアトロフォルマッジはわたしの大好物で、溶け混ざったチーズにたっぷりのハチミツ。おまけにそいつはピザのくせして「わたしを食べたら」と身をよじらせてくる。こんな真似をされるのも、こちらが空腹のせいだろう。今いらないわとこたえると、ピザはクルクルとちぢこまり、伸ばす前の生地玉にもどってきえた。

瞼の奥に白とも黒ともつかぬ無地の世界があって、遠くから赤い目がわたしにウインクを投げかけてくる。きっとそれは真鶴港の防波堤に立つ灯台の灯にちがいない。相模湾にダイブの練習にでるとき、いつも見送ってくれた赤い塔は、防波堤の先端に乗っている。その灯光が夜の海を照らしだす光景を、わたしは海から見たことがない。いつか見てみようときめると、光は明滅を止めた。

・・・・みみずんはいつも自分のことばかりね、と話しかけてきた友人は幼なじみのあっこだ。彼女はちょっと不機嫌な顔で立っている。たぶん、わたしも無愛想に見えていることだろう。こんど電話してみようかな。たがいに目を伏せるようにして旧友と別れた。

こんなふうに次々と頭に浮かんでくるイメージをひとつずつけしていくと、最後はすこしだけ気持ちがうつろになった感じがして、そのぽっかり空いた隙間に水がどんどん割りこんできた。それはひんやりとするけれど、ふるえる冷たさじゃない。むしろ、こちよい涼風にあたるようで、わたしは静かに脱力していく。身体のどこにも力の入らない状態で、水にすっかり身をまかせてしまうと、いつのまにかわたしというアイデンティティが透明になって、所在ない、けれど、この上ない安らぎを得ることができる。

わたしはクラゲ——ゆっくりと水面を漂う。わたしは流木——ただ身をまかせるだけの存在。水とひとつになるって、何て気持ちがいい——。

集中力と雑念

物事をありのままに受け入れるのはむずかしい。思い通りの結果が出ないと、こんなはずではないと否定して、よいイメージばかりを追いかけてしまう。でも、そのおかげで状況が改善することはほとんどない。フリーダイビングでもそうだ。

スタティックという競技がある。フリーダイビングのプールの種目で、水面にうつぶせに浮いて、身体を動かさずにどれだけ長く息止めができるかを競う。おなじフリーダイビングでも、一〇〇メートル近い深海にもぐっていくコンスタントなどにくらべたら、まるで地味だ。何しろ水に浮いたまま、何分も息をせずにじっとしているのだから、知らない人から見ると、何かの苦行に映るだろう。

でもわたしにとっては、はじめての世界大会にスタティックで出場したこともあって、わりに得意とする種目だったりする。もっともそのときどきの状態でやりにくいときもあるのだけど、それでも平均六分くらいは息止めができるかな。

「そんなに長く息を止めて苦しくないですか」ときかれるけれど、はた目でみるほど苦しさはない。競技中は頭をからっぽにして、水との一体感を楽しんでいるから、その時間はただもう気持ちよく流れて行く。苦しさはそのあとで、水のなかの陶酔感から醒めるときにやってくる。そこから水面に顔を上げるまでの最後の数十秒は酸欠を起す手前のラインを意識しなければならないから気持ちもつらい。うんと頑張って、最後のひと延ばしへのトライもできそうだけれど、最後に「アイムオーケー」のサインをだすとき、意識がしっかりとしていなければ失格になってしまう。無理は禁物だ。

だからフリーダイバーはみんな、苦しい時間を耐えることよりも、むしろ苦しくなりはじめる時間をなるべく先延ばしすることに努力をかさねる。つまり水中での「苦しくない時間」をできるだけ長く保つことが好タイムの秘訣なのだ。いち早く水との一体感をもつことで競技の勝利者にもなれる。そのために競技前から集中力を高め、水に入ったら脱力し、あらゆる雑念を捨てさって、水に浮くクラゲの気持ちになれたなら、あとはきっとうまくいく。

わたしの経験では水面でじっとしているスタティックは、とくに雑念がでやすい。集中力を高めて雑念から離れることは、フリーダイビングのどの種目にも共通のテーマとなっている。そのためにフリーダイバーは精神集中をもたらすさまざまな方法をこころみるのだ。たとえば入念なストレッチやリラクゼーションテクニック、瞑想法、好きな音楽をきくとか。映画『グランブルー』のジャック・マイヨールやその弟子ウンベルト・ペリツァーリはヨーガと座禅をトレーニングにとり入れていた。

わたしはヨーガを実践している。ヨーガのポーズは身体の緊張をほぐしてくれるし、マントラを唱えると散乱した心が落ち着いてくる。わたしの精神集中に欠かせない儀式（プロトコル）となっている。

心は猿のように動き回る

ところが、どれほどうまいやり方をしても、雑念をすっきりとけすことなんてできない。しっかりと精神統一して競技に挑んだとしても、息を止めたとたん、心は自然に喋りはじめる。〝もう、そろそろ苦しくなるわ〟とか、〝今日はあまり無理しない方がいいかも〟なんてふうに。

また、イメージの断片が次々にあらわれて、わたしにメッセージを投げかけてくる。それに気をとられてしまうと、延々と続く連想ゲームに巻きこまれていく――「あの人に連絡しなきゃ」「そういえば受信箱にメールがあったな」「最近パソコンの調子悪いし」「出がけにパソコンの電源切ったかな」「ちかごろ目が疲れて」――まったくどうでもいいことが、どんどんつながっていく。

ヨーガスートラの解説でたとえられることに「心は野生の猿のようにいろんな枝を飛び回る」という表現がある。これが競技中のわたしの状態をぴたりと言いあてている。息を止めていると、心の猿が未来へ過去へ動き回り、さまざまな雑念をもってくる。これをやめさせることは、とてもむずかしい。

最初わたしはヨーガをきわめることで「無心」になれるのではないかと思った。すべての雑念をはらえるのではないかと。けれどもヨーガの先生は、「無心というけれど、心は絶対なくならないもの」とおっしゃった。なくそうとしたり、抑えこもうとしたりすることではなく、心の動きを留め置くこと。パッと雑念がでてきても、しかたないので、追いかけず受け流せば動きはやがて止まるのよ、と教えてくれた。それはちょうど列車に乗っていて、車窓の景色がパパッと流れて行くけれど、それを何も考えないで見ている。あんな感じになればいい。追いかけないで、放っておくこと。

猿とのつきあい方

フリーダイビングをはじめて一五年になるけれど、水にいるあいだに雑念がどんどん浮かんでくるのを、いまだに抑えることはできない。でも、そのかわり、さまざまのイメージに対して、執着せず、いなしたり、やりすごすことがうまくなった。もぐっているわたしの心を映像化することができたなら、きっと漫画のフキダシのようなものがパッとあらわれてはすぐにきえていく。そんな様子が映るにちがいない。飛び移る枝をなくせば、心の猿はあきらめておとなしくなる。そのおかげで息も長く止められるようになり、数字の上でもはっきりと結果がでた。

すべてうまくいって、気持ちのよいダイブができたときなどは満足感もおおきくて、しばらくのあいだ水にいるときの自由な感覚にひたってしまうことがある。そんなときかな。水のなかに置いてきたはずの雑念のイメージがふいによみがえってくる。

そうだ。帰りに駅前のイタリアンのお店で四種のチーズのピザを食べて行こうとか、週末に大好きな灯台めぐりをしようと計画を立てたくなる。疎遠になった友人とだって素直にお話できるかもしれない。

競技中いつもあらわれる猿こそ、日常生活で飛び回ってばかりいる気まぐれなわたしの姿そのものだなと、つくづく思う。水のなかばかりではなく、地上のいつものくらしでも、未来の枝や過去の枝に飛び回る「猿」は反応しないに限る。ふだんから「ここ」に猿をもどす練習をする。そうすれば、猿はいつのまにかおとなしくなるものだ。

リラックスの呼吸

息を止める

フリーダイビングって何？ ——その質問にひとことでこたえると、素もぐりの競技ということになる。プールの水面にうつぶせに浮かび、まったく動かずに息止めの「時間」を競うスタティック。プールでもぐったまま水平に泳ぎ「距離」を競うダイナミック。海にもぐる「深さ」を競うコンスタント。種目ごとにスタイルはちがうのだけれど、いずれも素もぐりの限界を試すスポーツであることにちがいはない。

わたしが素もぐりのあいだにどのくらい呼吸を止めているかというと、コンスタントでは三分以上、スタティックでは六分以上にわたる。日常の感覚からすると、驚くほど長い時間を無呼吸ですごすわけだ。そのときに水のなかでいかに快適に息を止められるか。これがフリーダイバーにとってのおおきなテーマとなる。

快適に息を止める——その意味を身体で理解できたなら、フリーダイビングのあらかたを習得できたといっていい。それほど息止めは奥深いものがある。フリーダイバーはどうやって息を止めているのか。やり方は人それぞれだが、たとえば、わたしならこんなふうに考える。「長い息」を深く吸うことで長い息止めがもたらされるのだ――と。まるで禅問答のようだけれども、これが一五年間のフリーダイビング経験で得たわたしのやり方だ。

呼吸とは何か

ところで、素もぐりで息止めをするというと、多くの人はなんだか苦しそうだと思うだろう。まるで水中の我慢大会のように見えるかもしれない。もちろん競技では我慢も必要だし、何しろ人間の生存に欠くべからざる呼吸を抑制するのだから、苛酷な競技と思われても不思議はない。

呼吸は人間が生きていく上で必要な酸素をとり入れ、不必要な二酸化炭素を体外に排出するものだ。それは食べ物をエネルギーに変えて消費することとおなじく、人間の基本的な代謝活動である。ただし、食事は一日に数回とればそれですむ。ところが呼吸となると、生まれてこのかた休みなく続けなければならない性質のものだ。食事を一回抜いたところで当面おなかがへるくらいだけど、呼吸の停止は、すなわち死を意味する。

それならフリーダイビングはあえて死に近づこうとするスポーツなのか――。

いや、まったくそうではないのだ。フリーダイビングでおこなう息止めは生命活動の一時停止を意味するものではなくて、むしろ生命活動の活発化によって呼吸をコントロールすることにあるからだ。つまり、適切なトレーニングをおこない、毎日の生活をより快適にすごすことで、より長く息を止められるようになる。競技の意味は危険とまったく正反対のところにあって、わたしはこれこそが生きる尊厳を重んじるスポーツとすら感じている。

たとえば息を止めるスタティックは専門の指導者のもとで体験することができる。人によってそれが二〇秒だったり、三〇秒だったり、一分間止められたりする。ときには二分間いけるという人もいる。時間にちがいはあっても、共通するのは息を止めてしばらくは誰にでも楽な時間があるということ。苦しさはあとからすこしずつやってきて、やがて耐えられなくなる。もしも限界近くまで我慢したなら、ブラックアウトを起したり、窒息の苦痛や酸欠の恐怖を感じるだろう――息止めは絶対にひとりでやってはいけない。

けれども心身がゆったりとした状態で息を止めるとき、結果はまたちがってくる。ぜひ専門のレッスンで体験してみてほしい。長い息止めも潜水も意識せず、その気持ちよさを味わう。たとえばゆったりとした呼吸で準備をして、心のなかで好きな音楽を聴きながらでもいい。十分リラックスして、ややボーッとした状態になれたら、この「苦しくない時間」が確かに自分にもあり、息止め時間も伸びることに気づくはずだ。

フリーダイビングは苦しさを我慢するだけの競技ではない。息を止めてから苦しくなるまでの時間をできるだけ長く保つことを心がける。それが先ほどの快適な息止めや競技の強さにもつながるのだ。六分のスタティックができる選手は四分前後までは苦しくないという声が多い。これは練習によって身につけた超人的な身体能力だけでなく、苦しさを先延ばしする術を心得ているのである。入水前に「深く長い呼吸」で心拍を落とし、身体の力をすっかり抜いてリラックスできれば、苦痛や恐怖からはなれた状態に自分を置くことができる。フリーダイビングの息止めは、「長い息」と精神のリラックスによってもたらされるのだ。

腹式呼吸でゆったりと

ここで、わたしが競技前にかならずおこなう「長い息」腹式呼吸のやり方を紹介してみたい。日常的に実践しているヨーガの代表的な呼吸法なのだけれど、誰でもかんたんに覚えられる上に、慣れるとわずかな時間にもできる便利なものだ。その効果は……あとでお話するとして、今これを読みながら実際にやっていただければ、自分のちょっとした変化に気づかれるかもしれない——。

最初にイスでも床でもいいからゆったりと座る。自分が楽だと思えるなら寝そべってもかまわない。楽な姿勢がとれたなら、右手をお腹に、左手を胸に置く。これは横隔膜と胸郭の動きを確かめるためだ。

さて、腹式呼吸のスタートはまず息を吐く。鼻からゆっくりと吐いていく。このとき、肩から息を抜いていくことをイメージする。静かに抜いていくと、胸の力も抜けてきて、ゆっくりと胸が閉じていく感覚が手に伝わってくるはずだ。それからお腹がへこんでいく。

すっかり吐ききったなら、こんどは息を吸いこむのだけど、これはお腹に空気がたまっていくことをイメージする。息を吐いてへこんだお腹をゆるめると、空気が自然に肺の下部に入って、お腹がふわりとふくらんでくる。そのまま胸を広げて、気持ちよく吸おう。お腹がふくらむと、肺の下のところにある横隔膜が下がって、内臓が軽く圧迫される感じになる。

つぎに鼻から息を吐く。ちいさくため息をつくように最初に肩と胸の力をストンと落として吐いて吐いて、胸のつぎにお腹がへこむまで細く長く吐きつづける。わかりづらければ口笛を吹くように息を吐いてもいい。そのままお腹をゆるめて、息が入ったら自然にお腹がふくらんで、また胸を広げて気持ちよく息を吸いこむ。

吐いて・吐いて・吐いて・吐いて……吸って・吸って……これを三回くりかえす。慣れてきたら手をはずしてやってみよう。さらに、吸うときの二倍以上の時間をかけて細く長く吐き続けることがポイントだ。

どうだろう。気持ちがすこし落ち着く感じがしないだろうか。

腹式呼吸で息を長く吐くことにより、心拍がゆっくりと落ちていく。人は誰でも眠っているときには自然と腹式呼吸をしている。そのとき身体はリラックスの状態にある。けれども日常では緊張しイライラする。怒ったりもする。そのときは交感神経が刺激されて心拍も急激に上昇する。感情に支配されているとき、わたしたちは肩や胸のあたりだけで息をして、とても浅い呼吸になっている。

そういうときにこの腹式呼吸をしてみてほしい。深く吸いこんだ息を二倍以上の時間をかけて、ゆっくりと吐きだす。呼吸を変えることで、心拍が落ち着き緊張もほぐれて、はやる気持ちから解放される。やがて冷静になっている自分に気づくことだろう。

呼吸を意識する

わたしがここにいるかぎり、わたしの呼吸もまた止むことはない。生きていく上で、どうしてもやらなければならないことをひとつだけあげるなら、それはまちがいなく呼吸をすることだ。それならば——わたしはなぜ呼吸を意識しないのだろう。

プレッシャーや不安を感じたり、あるいはカッコイイところを見せようと欲をだすと、よけいに酸素をつかってしまう。さまざまな感情を動かすことによって、興奮させるホルモンが分泌されて交感神経を刺激し、筋肉を緊張収縮させるからだ。

感情にふり回されるというのはそうした状態をいうのだろう。酸素をやみくもに消費してしまうことは競技において致命的だけれども、社会生活でもここぞという場面で感情が前にでて緊張したりすると、うまくいくものもいかなくなる。

いっぽうリラックスの呼吸は悪影響をもたらすさまざまな感情を静めてくれる。それによって自分にそなわった力をよどみなく発揮することができるのだ。

もしも今、結果をださなければならない勝負のときを迎えたなら、そして、それに対する十分な努力をしてきたのであれば、自分のやるべきことはひとつしかない。「長い息」腹式呼吸法を利用することだ。

いいかえれば、この呼吸をもっとも大切な行動と意識することで、不安とか、恐怖といった感情はそれよりもずっとささいな事柄として対処できるようになる。

怖さがわたしを成長させる

水が苦手、水が怖い

こんなことをいうと驚かれるが、わたしは水が怖い。

水にもぐる競技をしている人間が何を、と思われるかもしれないが、事実そうなのだ。競技に集中していると、その怖さを忘れて前のめりになってしまうけれど、それでもふとした瞬間に恐怖心が湧いてくる。

わたしの水に対する恐怖はカナヅチだったころにつくられたのだと思う。水が大の苦手。学校のプールの時間が何より苦痛だった子ども時代の思い出とつながっている。今でも顔を水にぬらすのがきらいだ。シャワーを浴びるときですら、できるだけ顔に水が直接かかるのを避けようとする。昔、シャンプーハットというのがあったけれど、今でもあれがほしいくらい。

学生時代に友だちと海水浴に行っても、水着にも着替えずにひとりパラソルに身を隠していた。あまり焼きたくないのと笑ったけれど、本当は水に入りたくなかっただけ。今、海水浴に出かけても、はっきりした目的や対象がなければ、きっとわたしはパラソルの下で寝転んでいるかもしれない。

フリーダイビングやスクーバダイビング、ドルフィンスイムでは嬉々として水にもぐるのに、自分でも矛盾しているなと思う。そのちがいは何かを考えると、やはりフリーダイビングやイルカと泳ぐことの魅力が恐怖心を上回っているからだろう。好奇心があればこそ、水中でひっくりかえろうと、一〇〇メートル近い深海へもぐろうと平気だけれど、競技や趣味をはなれたら、海は眺めているほうが好きだ。

とはいえ、ダイビングにどれほど熱中しても、心のどこかに恐怖心をいだいている以上、それが競技にまったく影響しないわけでもない。

海の競技にフリーフォールという技がある。最初は身体をつかって潜水して行くが、水深三〇メートルをこえると肺が圧縮されて浮力が失われ、自然に身体が海に沈んで行く。これを利用して身体の動きを止め、完全に脱力して落ちてゆくことにより酸素消費量を節約しながら深くもぐることができる。フリーダイビングで記録をだすには不可欠な技なのだけれども、わたしはこれがどうにも苦手でうまくやれたことがない。海底に引きずりこまれるようで、えもいわれぬ恐怖が先に立ち、完全に脱力できず十分な態勢がつくれないのだ。

もしもフリーフォールが上手にできていたなら、今よりも早く、楽に記録を伸ばせたかもしれない。

それならば恐怖心は競技者の成長を阻害するものだろうか。わたしはそうは思わない。もちろん怖れに満たされた状態で競技に臨むことはけっしてよい結果をもたらさない。けれども、すこしの怖れと共存しながらもぐることで、危険の多くを回避できるし、一足飛びに行けないかわりに、一歩ずつ確認しながら成長して行ける。おそらく今年のうちに、わたしはフリーフォールを自分のものにできるだろうと考えている。

転機となったブラックアウト

かつてのわたしは恐怖心を抑えこもうとしていた。気持ちのもちようで怖れなんて失くせるものと信じた。生来のカナヅチを克服したころを思いだす。うまく息つぎもできず二五メートルを泳ぐこともおぼつかなかったのが、一年間の練習で何千メートルだって泳げるようになった。それがおおきな自信となり、競技記録はどんどん伸びていく。わたしはフリーダイバーとして上り坂にあることを感じていた。

ブラックアウト（酸欠による失神）を体験したのはちょうどそんなときだ。

二〇〇六年の千葉館山でのプールの大会。潜水したまま水平距離を競うダイナミック競技で、一〇〇メートルをターンした直後、わたしは意識を失った。あまり突然のことで何がおこっているのかもわからず、もちろん自分が失神状態にあることも自覚できない。ただ、何か夢見ごこちで気持ちがよく、身体が浮いているような感じがした。まわりの音はきこえているが、まるで自分がみんなと楽しくおしゃべりしている夢を見ていた。「酸素、酸素！」という声が聞こえて、気づけば身体をささえられている。そのとき自分が大会にいることを思いだし、すぐに身体を上げて反射的に「アイムオーケー」

したのだけれど、もちろん失格だった。

敗因は、ありきたりだけれども練習不足としかいいようがない。直前の世界大会ではおなじダイナミックで一〇〇メートル以上もぐったし、海でも六一メートルを成功させたので、往復で一〇〇メートル以上泳げたという計算で、今回も行けるだろう。そんな過信と理解不足がわたしに十分な練習を怠らせた。いいかえれば、水への恐怖を克服したという思い上がった自分が強力なしっぺ返しを受けてペシャンコにされたわけである。

競技中のブラックアウトは珍しいことではない。フリーダイバーの多くが経験する。それは体内の血中酸素量がある程度まで落ちて、これ以上の低下はダメージを受けるというときに、身体が防御反応として意識をシャットダウンさせる現象だ。低酸素によるダメージの結果で意識喪失になるのではなく、危険な状態から守るために失神することで酸素消費を抑える。いわば安全装置がはたらくようなものだ。ブラックアウトは選手寿命を縮めるものではないけれど、危険な状況には変わりなく周囲からのレスキューがなければやがて溺死してしまうだろうし、防御反応なのでいちど起すとくり返しやすくなる。ブラックアウトは起さないよう努めるべきものだ。

このブラックアウトの経験をかんたんに乗りこえる選手もいれば、その衝撃をいつまでも引きずる選手もいる。わたしは後者だった。

水からもどれなければ死んでしまう。フリーダイビングがつねに危険と隣りあわせだと身をもって理解した。その結果、わたしはすっかり自信をなくして、長くスランプに沈む。とくにダイナミックは、友人からのアドバイスで立ち直るまでの一年あまり、大会参加はもちろん、練習すらまったくできなくなってしまった。

この失敗で支払った代償はおおきかったけれども、そのかわりに得たものはもっとおおきかった。過信は禁物ということ。自分の状態を把握し、身の丈にあったことをしなければ、わが身を危険にさらすことになるのだ。そのとき「適切な恐怖心」をもつことは無謀な行動を抑制し、マイペースの自分に引きもどしてくれるし、トレーニングのモチベーションにもなる。わたしにとって怖れを失くさないことがフリーダイビングを長く続ける秘訣だった。

それともうひとつ。危険に対しての考え方をしっかりとさせる機会となった。

フリーダイビングは危険をともなうスポーツといえる。けれども、大会ではスタッフはじめ運営者によって万全の準備がしかれ、綿密な進行により選手の安全が守られる。日々の練習もフリーダイバー自身の安全意識と二重、三重の安全対策によって、めったなことで身に危険がおよぶことはない。

したがって、準備対策をおこない、よほどの無茶をしないかぎりは、水のなかから帰れなくなることはない。本当の危険は、恐怖を押し切り、数字にこだわるようなダイブにこそひそむと思っている。心と身体の声に耳を澄ますことが大切だ。そして自然のなかでおこなうスポーツとしては「適切な恐さ」はもっていたほうがいい。そうした考えはわたしの競技スタイルに変化をあたえ、世界大会の舞台でも自分の力をあますことなく発揮するための手助けとなった。そして、若手選手にアドバイスをあたえる立場となった今、メンタルの重要性を伝える上で、どれほど役に立っているかわからない。

怖れを手なづける

怖れとは自分を映す鏡のようだと思う。人はほんとうをかくして生きていくこともできる。人前で「こうありたい」自分を演じればいい。いつかそれがほんとうの自分だと思えてしまうだろう。けれども何かに怖れを感じたときに、かくしきれない自分の姿を見るのだ。したがって自分の怖れと向きあい、その正体を知ることは、本質的には自分が何者かを知ることとおなじだ。

わたしは、恥ずかしい話、海へもぐるカウントダウン中は今でもガイドロープを持つ手や腕が震えるし、世界大会の団体戦では絶対に失敗できないと思うと、身体が固まりご飯ものどを通らない。この感情をねじふせることはできないし、もしもできたと考えるなら、それは自己を否定するようなものだ。それよりも自分の怖れを受け入れて対話し、共存することで、自分自身をより強く成長させることができるとわたしは考える。

ところが多くの場合、怖れから生じるマイナス要素のほうが問題視される。萎縮していつもの実力がだせない。負けてしまう。だから、あらゆるスポーツ種目で恐怖を失くすために努力する。

日常生活でもそうかもしれない。仕事であれば、得意先との商談や対外的な交渉事とか、たくさんの人を前にしてのプレゼンテーションがある。わたしも営業マン時代には心臓が飛び出しそうなくらいドキドキしたものだ。うまくできなかったらどうしよう。失敗することの恐怖が自分をとらえて、ここから逃げ出したい。何度そう思ったかわからない。

逃げてもいい。失敗しても――クビになったりしたら元も子もないけれど――どうということはないのだ。大事なのはそこではなくて、何を怖れているのかを知ることにある。怖れの理由をつき止めたなら、今どうすればそれを改善できるか。それがわかればしめたものだ。真に努力すべきことはそこにある。いいかえれば怖れのなかにこそ自分を磨くチャンスがあるのだ。それを活かそうと思えたら、きっと今日の打ちひしがれるような負けを、明日の勝利への芽生えと変えることができる。

水が怖くてカナヅチだったわたしが、フリーダイビングで金メダルをとれるようになった理由をひとつだけあげるなら、それは人一倍怖がりだったからだ。つねに怖れをかかえてきたことが、わたしに成長の機会をかぎりなくあたえてくれたのだと思う。

うまくいかないほうがいい

アーリーターン

すき通った青い海に見とれたわけじゃない。わたしは競技に集中していたし、大会四日目にして調子は上向きで、気持ちのよいコンスタントができるはずだった。二〇一〇年のバハマ大会。海の透明度のもっとも高いバーティカル・ブルーへの挑戦に気持ちは高まり、わたしは競技前から早くもぐりたくてウズウズしていた。前向きな意識はアスリートに欠かせない。でも、あまり気持ちが前にですぎると、思わぬ失敗を引きおこすものだ。

バハマの海が繊細な色彩変化をみせる六〇メートルをこえたあたり。わたしはフリーフォールに身をまかせようと全身の力を抜いていたとき、あっ、いけない。耳抜きのために口のなかにとっておいた空気をスコッと呑んでしまった。あわてても遅い。いったん肺に送られた空気は、もぐるあいだにどんどんちいさくなって、ふたたび口にもどすことはできないのだ。それに、このまま深くまで行けば、耳抜きができずに、水圧で鼓膜をいためてしまうこともある。

水深六六メートルでわたしはターンした。申告していた七六メートルより一〇メートル手前での浮上は、調子がよかっただけに後ろ髪を引かれたけれどもしかたない。判定はアーリーターンでイエローカード。失敗だ。ジャッジを受けとったときは、あー、やっちゃったという後悔と、わたしを応援してくれたみなさんに不甲斐ない気持ちでいっぱいになった。

けれども、水から上がって落ち着いてみると、このような結果に終わったにしろ、今回のダイブがけっして悪いものではないと考えることができた。この失敗は今後の競技にプラスとなる材料をあたえてくれる。いってみればよい失敗だった。いやな気持ちはすぅーときえて、課題を克服していく自分を想像できて、一種よろこびさえも感じていたのである。

わたしの自己分析

今回のアーリーターンは耳抜きの空気を呑んでしまったことが原因だ。たんなるイージーミスだから、失敗をくりかえさないことを確認して、すぐに気持ちを切り替えることだって大事かもしれない。けれども、わたしの性分だろうか。つい探ってみたくなるのだ。レントゲンで病巣をみつけるお医者さんのように、わたし自身とダイブをスクリーニングしてみて、どこに問題があったのか。それが良性のものか悪性のものかを判断するクセがある。

いつものように静かな気持ちでよく考えると、このダイブでわたしはふたつの重要な行動をしていた。ひとつはよい行動であり、もうひとつは改善すべき悪い行動である。

まず、よいほうからいうと、アーリーターンの判断は正しい。あと一〇メートルの距離は微妙で、もしも勝ちたい欲にかられたなら、わたしは引き返さなかっただろう。鼓膜をいためる事態はかならずおこるものではないし、その日の調子からすると、目標に到達することはむずかしくはなかったからだ。

けれども、一〇メートルごとに一気圧の重さが加わる深海では、どのようなリスクも避けなければならない。危険をおかさないことはフリーダイバーに課せられた暗黙の使命といっていい。勝負の欲からはなれて、海の深さから無事にもどってこられたなら、結果は負けであっても、そのダイブはかぎりなく勝ちに近いものなのだ。

よいほうの考えはそこでおわり。

つぎに悪いほうだが、これは耳抜きの空気を呑んだうっかりミスが、気持ちのあせりからでたことにある。正直フリーフォールは苦手だから、態勢をとるのにすこしの躊躇（ちゅうちょ）がうまれて、いつも遅れぎみになる。ところが調子がよかったこともあり、早めにスタートできた。しかしリラックスし切れずフォール中の姿勢が若干前のめりになったのだろう。おそらく時間にして一秒の何分の一というわずかなものだけれど、体勢を崩しロープを見失いドキッとして集中が切れた。そのときに思わず歯をかんでしまったのだ。

わたしのおこなっている耳抜きはフレンツェル法といって、口のなかの空気を内耳に送って圧平衡をとる。このやり方はいよいよ最後の空気がなくなったときにぐっとかみしめてピンチを脱するのだが、十分に空気があるときに歯をかむ動作をすると口中の空気を全部呑んでしまうのだ。

原因がわかったなら、つぎに改善方法を考える。わたしのリラックスできない意識と身体の動きにうまれるズレがフリーフォールへの恐怖からくるものなら、それをやっつけることはむずかしい。すくなくとも、すぐにできそうもない。そこで、すこし不器用でもいいから前のタイミングにもどすのが賢明だろう――ということになる。

そんなふうに考えたことがうまくいったようだ。最終日には自己ベストとなる八二メートルを記録し、バハマ大会を個人優勝でしめくくることができた。

失敗の値打ち

プロ野球の野村克也さんの名言に、

〝勝ちに不思議の勝ちあり、負けに不思議の負けなし〟

というものがある。

武道の書から引かれたと、どこかでうかがったが、名選手名監督として数多くの記録を打ち立てた方だからこそ、ことばが重みをもって語りかけてくる。

スポーツでは負けたときには、競技のなかにかならず負けた理由が存在している。また、勝ったときも、何かしらの負ける要素がないわけではない。負けたときには、負けた理由を探り、どうすれば自分がそれをなくすことができるかを考える。勝ったときにも、負けにつながる行動をしていたことを気づかないままにすれば、たとえ試合に勝っても、たまたま勝っただけという結果に終わる。

もっとも、わたしがこのことばの意味を本当に理解できたのは、フリーダイビングをはじめてから何年もたってのことだ。最初のころ、わたしにとって競技でよい成績を残すことがすべてであり、失敗することは敗北を意味していた。自己ベストをだした日などは天にのぼるほどうれしくて、眠れずに興奮したものである。逆にうまくいかなかった日はひどく暗い気持ちになり、翌朝はきっと目を赤くはらした。何て不毛な時間をすごしたのだろう。

成功のよろこびと失敗のつらさ。ふたつの感情のサイクルに支配された時期をすごしたのち、わたしは感情をあまり動かさなくなっていた。きっと喜怒哀楽にゆれる自分に厭(あ)いたのだろう。よろこぶことも、嘆くことも、結局はその場かぎりでつぎの試合につながるものがないことに気づいていた。

やがて一切の感情を捨てて、自分のダイブを考えるようになったが、それにはヨーガを知って自己観察の方法を覚えたことがおおきい。また、試合の合間の気分転換に食べ歩きや観光などもするけれど、競技のモチベーションはムール貝や大好きな灯台めぐりでは十分に高められない。そこで、自分の長所をみつけて自信をもとうと思った。

ちょっと自分を褒めてあげて、盛り上がろうというわけである。

でも、自分に目を向けるようになってからどのくらいだろうか。わたしは自分の長所を探すよりも、欠点を見つけるほうがおもしろくなっていた。よく長所を伸ばすというけれど、よい部分は何もしないでもよい状態である。それをさらによくすることは実はむずかしい。というよりも何をしてよいのかわからないではないか。

それと較べれば欠点のほうは伸びしろだし、いくらでも変更できる。自分を変えることは目標にしやすいし、何といってもパズルみたいに、自分を改善するルートを組み立てていくことが、何だか知的な作業のようで楽しくなる。

一般的に失敗は気分のよい体験ではない。できることなら忘れてしまいたくなる種類のものだ。けれども、腹をくくりプライドを捨て、じっくり向きあってみる。失敗は自分の欠点を教えてくれるし、その改善の余地をみつける機会をあたえてくれる。それはある意味ですばらしいことだ。つみ重ねてきた失敗はいわば宝の山のようなものである。

もしもいつまでも満足できない自分がいるなら、それはまだ失敗が足りないのかもしれない。あるいは失敗することのほんとうの値打ちに気づいていないか。そのどちらかだ。

ステップ＆ステップ

成功はすばらしい贈りものをくれる。それはゆるぎない自信であり、さらなる高みをめざそうというモチベーションであり、応援してくださった方々に報いるよろこびであり、そしてより強い自分への希望と展望——まるで澄みわたった空のように目の前がひらけていくように思える——なのである。

いっぽう失敗はそれよりもはるかにおおきな贈りものをくれる。それはときに自信を失わせ、やる気をはばみ、みじめな立場に落ちこませるだろう。けれども希望がゆらぐそのときに、さらに一歩を踏みだす気概があるなら、そこにはかならず成長というかけがえのないご褒美が待っているのだ。

成功をおさめるためにいくつもの成長のステップを踏んでいく。それは失敗をひとつずつ踏みこえていく行為にちがいない。誰かの力によって引っぱり上げてもらえることもあるかもしれない。でも、自分の階段を上がらないかぎり、澄みわたった空の下でアーリーターンすることになるだろう。もしも高みをめざそうとするのなら、今はうまくいかないことも感謝しよう。

見えない身体のつくり方

人の身体はイルカとおなじ

これまでフリーダイビングがいかにメンタルに左右されるかについてお話したけれど、いっぽうでフィジカル面も競技におおきくかかわる要素であるのはまちがいない。ただし、フィジカルといってもおおきなパワーをうみだすボディとか、アクロバティックな運動能力というような派手さはなくて、うんと地味なのだ。さらにいうと見えないというか。けれども弱いものではない。すべての人間にそなわった潜在的なパワーを利用するための見えない身体というべきものだ。

呼吸を止めて深くもぐるとき、人の身体には日常生活で経験し得ない急激な変化がおこる。ほんの数メートル潜行するだけで、なじみ深い陸上とはまったくちがう世界であることを身体は認識する。心拍はおよそ半分近くに減少する。そして全身の血液の流れが変化する。手足など末端から血が引いて、いっせいに心肺と脳へと流れだすのだ。

ブラッドシフトとよばれるこの現象は、血液循環を生命の維持に重要な器官に集中させる。この身体変化によって、人はより水中の環境に適応できてしまう。これはイルカやクジラ、アシカなど水生哺乳類にそなわっている機能とおなじものだ。しかもフリーダイバーが訓練して身につけるのではなく、人間なら誰でもこうした変化がおこる素質をもっているのである。

ブラッドシフトはわたしにとっていつも新鮮な体験で、人間がかつて海からやってきたという記憶をよびさます。あるいは母親の胎内ですごしたとき、こんなふうだったかと思う。けれども――。

フリーダイバーのトレーニング法

二〇〇六年にはじめて世界大会に出場したとき、わたしは周囲の選手がどんな練習をしているのだろうと目を皿のようにして観察した。そのころ日本ではフリーダイビングのトレーニング方法、とくに基本的な訓練のあとにどうやって先にすすめるのかを教えてくれるところがなかった。わたしは練習方法がわからずに悩んでいたのだ。

あまりジロジロ見ることはできないのだけれど、いや、わたしはかなり凝視していたかもしれない。外国の選手に苦笑されながら、かれらの動きをつぶさに追っているうち、自分のトレーニングに決定的に足りないものがふたつほど見つかった。そのひとつがフィンのつかい方である。世界大会の選手にはフィンスイマーが多くて、とても強いフィンキックをしていた。フィンをうまく動かす方法を身につけなければいけない。もうひとつは、それに必要な筋肉をつくることだ。

帰国後、わたしはすぐに、フィンスイミングの日本記録保持者である向井弥生(旧姓：坂本)選手にプライベートレッスンの約束をもらった。

フィンスイミングはフィンをつかっていかに速く泳ぐかを競い、水中で最速の競技と言われる。二〇一六年、お笑いのオードリー春日さんがメダルをとられたのが、この競技のワールドカップマスターズだ。

フィンスイミングの泳ぎ方は、酸素を温存するフリーダイビングとは異なるが、モノフィンを使う技術を身につけるにはフィンスイミングが最適だとわたしは考えた。別の競技からも学ぶことはとても多い。

わたしのドルフィンキックは弥生さん仕込みだ。フリーダイバーはゆっくりとしたウェービングで泳ぐが、弥生さんはジャンプする直前のイルカのように、身体全体で力強いウェービングをつくり、あっという間に水中をすり抜けてゆく。

弥生さんには、フリーダイビングに最適な体幹でフィンキックする技術を教えていただいた。けれども簡単には習得できなかった。

この体幹をどうやってつくればいいのだろう。一般的な筋トレとも違うようだし。わたしはフィンキックを練習しつつ、体幹そのものの鍛え方がわからず、またも悩んでしまった。

インナーマッスル

何て運がいいのだろう。いつものように仲間と新木場のプールでフリーダイビングの練習をしていたとき、たまたま隣のコースでプロの水泳コーチの遠藤典明先生が指導をされていたのだ。

初対面にもかかわらず、ひたすら質問を浴びせるわたしに遠藤先生はイヤな顔ひとつせず、ていねいにこたえてくださった。そのとき、「インナーマッスルを鍛えたら、絶対にフリーダイビングに有効だよ」と教えていただいたのである。

インナーマッスルは名前の通り身体の内側にある筋肉のことをいう。関節の位置を正常に保ち、姿勢を正すはたらきがあって、大胸筋や腹筋などの外側の筋肉がおおきな動きをつかさどるのに対して、内側の筋肉は細かくきれいな動きをつくりだす。

弥生さんから教えられた体幹というのは手足以外の胴体すべての筋肉のことで、それは外側のアウターマッスルと内側のインナーマッスルでかたちづくられる。アウターマッスルが強い力をうみだすとき、インナーマッスルはそれと表裏一体の関係にあって、身体機能を維持し、身体の動きを安定させ、怪我を防いでくれるのだ。

インナーマッスルを鍛えることで、姿勢をよくして、身体を引きしめるエクササイズ効果が得られるけれど、フリーダイビングでは、酸素消費を抑えて効率的なフィンワークをおこなうことができる。遠藤先生はわたしのフィントレーニングの内容をきいて、フリーダイビング用のインナーマッスルメニューをアレンジしてくださった。たとえばこんなトレーニング法である。

両手足に布製のバンドをつけて、フィンは穴のあいたちいさいものをつかう。そして力を抜いた状態で腕関節を回しながらヒジを回す。すると肩の内側の関節の周りの筋肉が動くのだけれど、バンドをしているから負荷がかかり、しかも水中ということで、あらゆる角度からの負荷によって、まんべんなくインナーマッスルが鍛えられる。

トレーニングはバンドとフィンをつけて身体を回したり歩いたりして、最後にひたすら泳ぐ。ただし、飛ばしたり、力を入れて泳いだりはしないのがコツだ。

インナーマッスルの鍛錬は表面の筋肉を強化するのとちがい、目にみえて変化を確認することはできない。けれどもフィンキックがうまくなっていく実感があったし、競技成績を通じて、はかりしれない効果があったと思う。

遠藤先生のプログラムは競技での結果を分析しながら細かい修正が加えられた。試行錯誤のなかで、個人差や成長段階にあわせた練習方法が組み立てられていく。それは、いわば遠藤先生とわたしでつくりあげたメソッドというものだが、おそらくフリーダイビングの練習方法のスタンダードにもなり得るのではないだろうか。

すくなくとも二〇〇五年には水泳の競技でインナーマッスルは一般的ではなかった。ただ、フリーダイバーの人たちのあいだでおこなわれているヨーガにしても、ピラティスにしても、ある意味でインナーマッスルを意識している。そこに目をつけられた遠藤先生は先見の明があったと思う。

最近ではおおきなウエイトトレーニングをおこなうフリーダイバーも増えてきたけれど、素もぐりの世界にはおおきな筋肉をつけると酸素消費量が増えてしまうという考えはいまだに根強い。おおきな筋肉をつける前に体軸を安定させるインナーマッスルはフリーダイビングのトレーニングにうってつけだった。

現在も遠藤先生にはフリーダイビング向けのインナーマッスル練習会を毎週やってい

ただいている。ちいさなフィンをつかって身体の動きを調整するプロセスは、このごろでは多くのフリーダイバーがウォーミングアップなどに採用するようになった。フィンワークトレーニングとして、よく似た練習会もおこなわれているようだ。

わたしとしては、遠藤先生といっしょにゼロからつくり上げた経験をもとに、このメソッドを多くのフリーダイバーに伝えていきたいと考えている。

人間はイルカではない

——ひとときの快感をあたえてくれるブラッドシフトは白昼夢からさめるように、やがて終わりをつげる。

水深九〇メートルでかかる一〇気圧というのは、地上の一〇倍もの圧力を全身に受けることを意味する。横隔膜は内側にへこみ、肺はちぢみ押し上げられてしまうのだ。すっかり水生哺乳動物に同化したつもりのわたしは、このままイルカにだってなれるかもしれない。深海でおそるべき水圧に身をまかせるフリーダイバーにとっては、物理的にそのほうが理にかなっている。人間の世界へもどることは、たいへんな力が必要となるからだ。

いったん浮上を開始しようとこころみたとたん、あたかも何者かの意思であるかのように、ダイバーをさらに底へと引きこもうとする力がはたらく。降下するときにみちびいてくれた引力は、こんどは浮上を阻止するのだ。それをふり切るには、およそ二倍の力で泳がなければならない。自分はイルカではないと強く自覚しなければ、もとの世界にもどることはできないだろう。

力をふりしぼって浮上するとき、もしも水に抗（あらが）って、不必要に身体を動かしたなら、肺をいためてしまう。だからこそインナーマッスルをつかったフィンスイミングが有効だ。見えない身体はいつだって、何ごともなかったかのようにわたしを海の深くから現実にかえしてくれる。

自分を解放してみよう

みんなどうやっているのだろう

フリーダイビングをはじめたばかりのころ、自分に足りないのは呼吸する力だと思った。いや、ほんとうは泳げないとか、水が怖いとか、克服すべきことはほかにあったけれども、それは考えないことにしていたから、とりあえず、もっと息が吸えたならうまくなれるにちがいないと想像した。

そのためには単純に肺活量を増やせばいいのだろうか。それとも身体を柔軟にすることが効果的なのか。それにはどんな訓練をすればいいのか、まるでわからない。ただ、息止めの練習ではそのときの意識のもち方によって、すぐに苦しくなるときもあるし、けっこう息が長く続くときもあったりして、そのちがいは何だろうと思っていた。

そこで先輩に話をきいたり、ビデオを観たりして、有名な選手がどんなアプローチをしているのかを調べたものである。すると多くのフリーダイバーがヨーガや座禅をトレーニングにとり入れていることを知った。日本人選手のなかにも瞑想によって集中力を高めている方がいた。正確にいうとヨーガや座禅は心の安定や集中力を高める技であり、瞑想は技によってもたらされる状態なのだが、そのときはよくわからない。ただ、精神集中系のものだろう程度の認識だった。もしかしたら、頭に浮かぶ考えによって息の長さが変わるあれと関係あるのだろうか。それならば、これがわたしのもとめているものかもしれない。

あるとき、映画『グランブルー』のモデルとなったジャック・マイヨールさんが海に入る前にかならずヨーガをおこない、気持ちをコントロールしていたという記事を見つけた。写真にうつる孤高の姿に、わたしはすっかりあこがれてしまった。

ヨーガとの奇縁

それは二〇〇五年の世界大会前のことで、おそらく四月のはじめだったと思う。わたしはヨーガに興味をもったのだけれど、どんなものかまるで知らないから、いきなり習う勇気もなかった。それがあの日、近所のショッピングモールにある書店に立ち寄ったのだ。ヨーガのわかりやすい本があれば買って独学できるかなと考えて——。

そのころはヨーガがブームだったようで、健康コーナーには「きれいになる」ヨーガとか「やせる」ヨーガ、それからヨーガの「健康法」、「幸せになる」ヨーガなど、あらゆるヨーガの本がところせましと並んでいた。どれも著者の方がヨーガをわかりやすくアレンジしていて読みやすそうだ。でも、わたしのほしいのは「素もぐりのための」本で、いちおう探してみるけれど、もちろんそんなものはない。それでまあ、すこしは参考になるかもしれないと手にとったのが、美容でも、健康でもない、「ただの」ヨーガの本。『ヨーガを始める人のために』という本だった。なになに向けとうたっていないのは、どんなことにも役立つということかしら。

パラパラとめくったら、〝プラーナーヤーマ〟の文字が目に飛びこんできた。たしかジャックさんがインタビューで「プラーナーヤーマの呼吸法をやっているよ」といっていた。

あ、これだ！ もとめたものがこんなに早く見つかるなんて。でも、さらにページをひらくと、アーサナ？ マントラ？ ヨーガストーラって？ だいじょうぶかな……。

まあ、無理だったらダイエット用につかえばいいか。

幸先のよさに気をよくして本屋をでると、その隣にカルチャーセンターがあって、そこに「ヨーガ体験レッスン」の幟が立っていた。何て間がいいのだろう。きいてみると今日にも受講できるという。こんなチャンスを利用しない手はない。わたしはすぐに申しこんだ。そのとき受付の横にレッスンでつかうテキストがつんであるのを見て驚いた。今しがた買ったものとおなじ。わたしの見つけたヨーガ本の著者がその教室の講師だったのだ。

田原先生とハタヨーガ

それが田原豊道先生のハタ・ヨーガ（講座名は「ホームヨーガ」だった）。ちなみに一般に「ヨガ」とよばれているが、ホームヨーガではサンスクリット語の発音は「ヨーガ」であると教えていただいた。そこで、本書でも「ヨーガ」で統一した。

最初の体験レッスンではお弟子さんの小川先生という女性の先生が講師を勤められていた。五〇歳代半ばということだが、すごくきれいで、元気で、明るくて、太陽みたいな雰囲気の人だ。首に一本の皺もないし、ヨーガをずっとやっていると、こんなすてきになれるのだろうか。

わたしは高校生のときに新体操をやっていたけれど、だいぶ時間がたち、身体も硬くなっていたので、自信はなかった。しかし、小川先生にお会いしたことで、がんばってみようという気になったのだ。

さて、わたしの習ったハタ・ヨーガは世界中に広まる九つの流派のうちのひとつ、いわば元祖だった。ハタの「ハ」は太陽の象徴で、息を吸うことを意味し、「タ」は月の象徴で、息を吐くことを意味する。このふたつは陰陽のエネルギーであり、その流れを調和させることがハタ・ヨーガの目的となる。

教室の内容もインドの基本的なヨーガを習得するもので、瞑想するためのポーズ（アーサナという）と呼吸法（プラーナー・ヤーマという）を習う。それと読誦法（スヴァーディヤーヤ）という瞑想の手段でもあるマントラを唱えて、散乱した意識を統一する、という三本立てでハタ・ヨーガはすすめられる。

ただ、わたしは一〇年前にサリン事件に遭遇していたこともあり、はじめは驚いて、すこし抵抗感をもった。アーサナとかマントラなど、あのときニュースできいた単語がたくさんでてきて、授業はマントラを唱えるところからはじまる。つい事件に関与した団体を思い出してしまった。実際、事件当時は無関係のヨーガ団体への影響がおおきくて、そのときは生徒さんもずいぶんへったらしい。

とはいえ、ヨーガスートラなど実在する教典を抜粋してヨーガの理論や哲学をそのまま伝えてくださっていることが理解できた。それにNHK主催の教室だからだいじょうぶだろうと安心したのだった。

試行錯誤がおもしろい

さらにヨーガを学ぼうと師範科へ入門した。「ホーム・ヨーガ」を展開する日本ヨーガ学会の田原豊道会長と荻山貴美子理事長のもとでわたしが学んだことは、ヨーガの学習はただポーズや呼吸法などテクニックだけを習得するものではないということ。ヨーガによって心と身体はひとつであることを知り、自分と自然が一体であることを知ることだという。ヨーガスートラなどの教典から、ものの見方や考え方の概念を学ぶ。「心のはたらきをコントロールすること」がヨーガの目的であり、それはまさに自分のフリーダイビングに必要なものだと確信できた。

最初のころ、小川先生にヨーガをフリーダイビングにとり入れたいということをお話したのだが、先生はフリーダイビングがどういうものか想像がつかないという。

「でも、あなたができると思うことをやればいいのよ。ものごとの形にとらわれずによいと考え、没頭することが、あなた自身を解放することなのだから」

わたしは先生方に教えをいただきながら、いっぽうでフリーダイビングとヨーガをつなげる作業を自分のなかでおこなった。競技で気持ちが高ぶってしまうときなど、ヨーガで習ったアーサナ、リラクゼーションの瞑想法やプラーナー・ヤーマを実践したり、いろいろな組み合わせで相性のよい方法を探したのである。そうして、もぐる直前にふさわしい瞑想法、呼吸法と出会い、記録が伸びやすいルーティンも見つかった。

今思うと、息止めの方法に正解なんてなかったのかもしれない。ただ、わたしは自分にあうやり方をみつけるために、ヨーガの教えをかりて、あらゆることを試した。その試行錯誤こそが、自分に眠っていた部分を解放させてくれる契機になったのではないかと思う。結果よりも過程のほうがおもしろい。ちかごろわたしはそんなふうに考えるようになった。

イヤなことはあえてことばにする

コブラのポーズ

ここで集中力を高めたいというとき、わたしはヨーガのポーズ＝アーサナをとる。競技前にかぎらず、日常でもちょっとしたスキマ時間におこなうことも多い。さあ、ヨーガをやるぞという感じではなく、気がつくとアーサナをしていたりする。

たとえば、身体を横たえるスペースがあると、よくやるのがブジャンガ・アーサナ、一般におおきなコブラのポーズといわれるものだ。うつぶせになり上半身をおこして、背中をそらし身体の前面を伸ばすもの。体幹の筋肉を強くし背中をやわらかくするアーサナで、とくに胸の柔軟性が高まり、呼吸力が増す。背中の緊張がほぐれると、胸が広がり気持ちも前向きになるといわれ精神面にもいい効果があるものだ。

ちょっとやってみよう。

まず、床の上にうつぶせになる。このときひじをまげ、両手を胸かお腹の横に置き、軽く脇をしめる。両足はそろえ大地におろす。額を大地につけ、ゆっくりと息を吐き出す——ここまでが準備段階だ。この姿勢から、つぎの動きをおこなう。

おおらかに息を吸いながらあごを前に出して、胸を張ってひじを伸ばし上半身をゆっくりとそらせていく。ここは無理せずに、痛くなる手前で止める。ポーズがきまったあと、自然呼吸をおこなうことがポイントだ。無理のない範囲で、このポーズを最初は短く一回でもよい。気持ちのよい時間、回数をおこなってみてほしい。

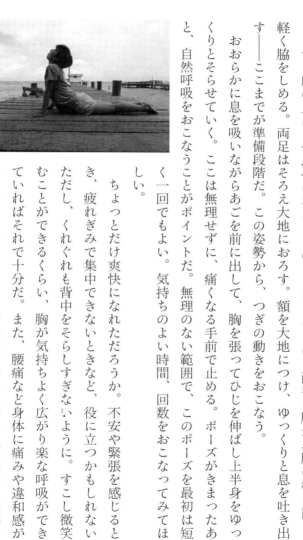

ちょっとだけ爽快になれただろうか。不安や緊張を感じるとき、疲れぎみで集中できないときなど、役に立つかもしれない。ただし、くれぐれも背中をそらしすぎないように。すこし微笑むことができるくらい、胸が気持ちよく広がり楽な呼吸ができていればそれで十分だ。また、腰痛など身体に痛みや違和感がある場合はやらないこと。不安な場合はかならず専門の指導の

もとでおこなってほしい。

考えず、集中する

アーサナにはたくさんの種類があり、わたしはときに応じてつかい分けている。それは身体をやわらかくするとか強靭にするというような身体的な効果をねらうことよりも、むしろ「心の猿」を落ち着かせ集中力を持続させることが目的となる。ハタ・ヨーガの基本が、アーサナの実践を通して自分の内側を観察することにあるからだ。

スポーツクラブなどで習うヨーガは、ポーズやリラクゼーションを中心としたフィトネス要素が強く、広い年齢層がはじめやすくアレンジされている。スタジオではよく鏡をつかってうまくポーズをとれているかを確認したりする。アーサナのもたらすストレッチ効果をとり入れようというもので、たしかに身体にはとてもよい。

けれどもわたしがおこなっているヨーガでは、鏡をつかうどころか目を閉じ、カウントもせずに座禅とともにすすめる。たとえばねじりのアーサナであれば、ねじれて響いている身体の部分に意識を置く。身体の「どこ」に今「どんな感じ」があるのかという、自己を観察して「心」を「今」に留め置く練習をする。最初はそれでいい。

どこか一点に意識を置き、人と較べたり、鏡を見たりしないで、ゆったり自己観察を続けてみる。それは自分と対話するようなものだ。ひとつの物事をじっと見つめていくことで、内なる自分をかいまみる。

ところで、ヨーガストートラには「アーサナは安定した快適なものでなければならない」という教えがある。何も完全なポーズをとる必要はない。自分が好きなアーサナを気持ちよく楽しみながら続けてみてほしい。気がついたら、身体も心もやわらかくなっていることだろう。

自己観察のしかた

心は移ろいやすい。よろこび、悲しみ、怒り、欲求、興奮、過去や未来。それは胸の鼓動とおなじく、傷つき舞い上がり、思い出したり未来を悲観したりしてゆれ動くのだ。それは自然なことですべて悪いものではないけれど、今やるべきことに対する集中の妨げや、本来の自分を見失うことにもつながる。

目の前のことに集中するには、ちょっとしたトレーニングが必要だ。

わたしの場合はフリーダイビングの練習にかぎらず、日常生活もトレーニングの場としている。たとえば食事を集中して食べることだって訓練になる。ほかの考えごとをやめて、「おいしい」「かみごたえがある」「材料は何だろう」など、ひたすら食べている今の感覚に意識を置き続ける。これが雑念を払い、心を静める練習となるのだ。

心の動きに支配されないためのもうひとつの方法は、一歩引いて客観的に自分を見つめること。まるで別視点の自分を置いてみることで意外な発見がある。

たとえば、何かイヤなことがあったとき、なぜ辛い気持ちになるのだろうと考える。解決方法があれば実行すればいい。もしも今どうにもならなくて、解決に時間がかかるのであれば、放置してしまって考えの外側に置くのだ。都合の悪いことは受け流してしまうこともひとつの方法である。大切なのは心の動揺とともに生活しないことだ。

自分のことを思いだしてみると、若いころはいつも雑念にとらわれていた。わたしは他人にいい顔をしたい人間だったと思う。みんなに嫌われたくないという思いがあって、「NO」がいえなかったのだ。友達からのお誘いなども断れなくて、ちょっとした噂や他人からの評価に過敏に反応して、舞い上がったり、落ちこんだりもした。

フリーダイビングも最初のうちは周囲とのコミュニケーションがうまくいかない気がして、嫌われちゃったかな、なんて勝手に考えて、練習しづらいこともあった。世界大会などでは雰囲気に飲まれてしまって、先輩に頼りきってしまう。そのため、「今日の海はいいよ」と先輩がいえば、そうなんだ、よし頑張るぞ、となるし、「流れが大変そうだな」といわれれば、わたしやめようかなと妙に不安になった。

ヨーガをはじめたことで、わたしは自己観察に興味をもった。うまくいく自分——、うまくいかない自分——。現在の自分——、過去の自分——。自分というのはもっとも身近な存在であるにもかかわらず、実は気づかないことだらけだ。それを知るのも楽しいことである。ときには自分の正体を見てしまってドキッとするが、知らなくてもよいことなんて何もない。

ただし、客観的に自分を見つめようとするなら、心の動きからはなれる必要がある。心は気まぐれで本当のことを語らないかもしれない。大事なのは、あるがままの自分の姿を知ることだ。けっして感情に彩られた自分ではないのである。

ことばの力をかりて

心の動きからはなれて集中力を高める。客観的に自分を見つめる。そうしたことを作業みたいに続けていくと、自分の思考パターンにちょっとした変化が生まれてくる。あまりイライラしなくなり、くよくよ考えることもへった。

たまにイヤなことがあっても、なぜ落ちこんでいるのだろうかと冷静に分析していたりする。わたし、またイイ顔しようとしている、とか。失うのが怖いのかなとか。まるで他人事のように淡々と観察していくと、「まあいいか」とか「この感情は自分には不要だな」と思えるときもあるし、こういうふうに対処できるな、とアイデアが浮かぶときもある。

そして、これは「嫉妬」。これは「我儘（わがまま）」。これは「見栄」。かたっぱしから心のモヤモヤを言語化してしまう。以前の自分なら、きっとイヤな思いをしたときには周囲のせいにしていただろう。そのくせ、いつまでもくよくよしたにちがいない。

今ではわたしの問題はすべて、わたしの価値観からでたものと受け入れている。イヤなことはくるくる丸めて、ことばのレッテルを貼ってしまえば、水曜日のもえるごみの日にでもだせるし、残す思いもなければ、残される思いもない。それでも問題が残ってしまうなら、それはよほどのことだから、ゆっくりと悩むのはしかたない。

Part 2

自分を磨く

個性がないことも個性

オール3のわたし

何をやっても「普通」の子どもだった。運動会で一等賞をとったこともないし、好きな学科や得意な分野だってない。絵を描いたり、歌をうたったりして才能を発揮するなんてこともなかった。いちおう書道を習っていたような気がするけど、現在もあまり字が上手じゃないところをみると、たいして向上心はなかったのだろう。

優等生ではない。といって落ちこぼれというほど、きわだって成績が悪くもない。オール3——というのが小中学校でのわたしの評価だ。みんなに注目を浴びるような目覚ましい行動もしないかわりに、問題児でもないわたしは、いつも教室のななめうしろにいるような存在。ときどき忘れられてしまうほど特徴のない女の子だった。

でも、当時は自分がパッとしないことなんて、まるで気にもとめなかった。学校から帰れば、ランドセルをポーンと玄関から投げこみ、日が暮れるまで外で遊び回る。わたしは毎日けっこう忙しかったからだ。

木登りをしたり、ローラースケートでスラロームをキメたりとか、わりと身体をつかうことが好きで、高鬼、けいどろ、缶けり、ゴム飛び、竹馬……何だかそういった、昭和の子どもの遊びはすべてやった。自分では内気だったように思うのだけれど、写真のなかのわたしは木の上で猿みたいに遊んでいる。意外にアクティブだったのかもしれない。

まあ、目立たない「普通」の子どもだって、自分の世界があって、活発に生きていたりするわけだ。

石が大好き

自分の世界といえば、子どものころの密かな楽しみに石集めがあった。おもしろいかたちの石、きれいな色の石。ギザギザやスベスベやゴツゴツの手ざわりがいい。どの石もわたしが生まれるずっと前から、いや、歴史上のどんなできごとよりも古くから地球上に存在していた。そう思うと、とても不思議な感じがする。石にふれるだけで、わたしの知らない地球の物語がきこえる気がした。

そういうところだけは「普通」ではなかったかもしれない。わたしの唯一変わってい
たのは、地質学者になりたいと思ったことかな——それが最初の夢だった。
現在住んでいる浦安市には、わたしが三歳のときに家族とともに引っこしてきた。海
側の舞浜あたりは、今や夢と魔法の国となっているけれども、小学校の五、六年のころ
は埋立地の造成工事の真っ最中だった。遠い土地から運ばれてくる工事現場の土には、
土器のかけらや化石なんかといっしょにきれいな鉱物が混じっていて、わたしにとって
はあの場所こそが夢と魔法の国だった。
危険な工事現場はわたしたち子どもたちの格好の遊び場でもあった。でも、その日わ
たしは石を探しに普段は足を踏み入れない場所に入ったのだ。人知れないところには掘
り出しものがあるにちがいない。
おお、こんなところに玄武石が——何てすてきだろう。褐色につやめく石の表面にマ
グマの噴き出しでできた、ちいさな穴がいくつもあいている。わたしがしばらく石の質
感にうっとりとしていたら、気づいたときには、自分の背が急にちぢんでいた。さっき
歩いてきた土砂の小山が見上げる高さにある。おやっと下を見ると、すでに身体は胸ま
で地面にもぐりこんでいた。
埋め立てたばかりの土はところどころやわらかくなっていて、おそらく地下水がた

まって底なし沼のようになっていたのだろう。そこにはまってしまったのだ。何とか抜けだそうとするけれど手がかりもつかめない。身体は力なくずぶずぶと沈んで行く。あ、これはマズイことになった。

それからどうなったのかよく覚えていない。おそらく工事現場の大人に助けてもらったのだと思う。わたしは海沿いの小道を、あちこちに泥をなすりつけながら歩いていた。家に帰って親に何ていいわけしよう。そんなことばかり考えながら。

そういえば、いつからだろう。わたしは石を集めなくなっていた。わたしの地質学者への夢はきっと、玄武石とともにあの底なし沼のなかに置いてきてしまったにちがいない。

才能が開花する？

子どものときは何のとり柄もなくて失敗ばかりしている。それがあるとき自分の才能に気がつき、人一倍の努力によって頂点をめざしていく——有名人の伝記などではそういうストーリーが語られる。ありきたりに見える人が、見事に才能を開花させるところがドラマチックに語られたりして、主人公の急激な進化が見どころとなる。

もしかしたら自分にも隠れた才能があって、それに気づいていないだけかもしれない。あるいはこの主人公のように才能を開花できるのではないか――そんなふうに自分に引きつけて考えたりするのが、伝記を読む楽しみだろう。

さて、かくいうわたしはフリーダイビングで世界大会優勝の経験がある。その上、根っからのカナヅチだから、いわばマイナスからの出発という経歴までもっている。もちろん、わたしの話などは有名人の伝記におよぶべくもないけれど、「急に進歩した」という一点でちょっと似ていなくもない。そこに興味をもってくださる方もいて、「岡本さんはいつ自分の才能に気づきましたか」などときかれる。

けれども、正直わたしは自分の才能なんて意識したことがない。そういえば、周囲から才能を認められる経験などもなかった気がする。

おかしいな。スポ根マンガなどでは、よく平凡な主人公がすばらしい才能のもち主だったりするのに。「エースをねらえ！」の岡ひろみも、「ガラスの仮面」の北島マヤも、優れたコーチが潜在能力を見抜き、その才能をはばたかせたではないか。

コーチといえば、わたしにフリーダイビングを教えてくださったのは、世界の舞台で活躍してこられた松元恵さん――ここでは愛着をこめてメグさんとよばせていただこう。メグさんが講師をされていた初心者向け講習に参加したのが、わたしのフリーダイビング初体験だった。

日本の女子フリーダイバーの先駆者メグさんとは、のちにおなじ日本代表の一員として競技に参加し、たくさんの、ほんとうにたくさんのことを教えていただいた。わたしが心から師と仰ぐ人である。そして、そのメグさんにフリーダイビングを伝授した人こそ、あの偉大なジャック・マイヨールなのだ。

さて、ある世界大会の遠征先でのこと、何年も前に受けたメグさんの初心者向け講習のことが話にでたときに、わたしがどんな生徒だったのかきいてみた。

「そうねえ……」メグさんはしばらく考えてからいった。「あまり覚えてないわ」。

わたしはダイバーとして、とくに目立つ資質はなかったようだ。すくなくても岡ひろみや北島マヤのようなきらりと光る素材でなかったことは確かだ。

わたしが残念がっていると見えたのだろう、

「でも、ちょっと水慣れのいい子だったわね」そうつけ加えてくれた。

いいえ、ちっともガッカリしてないですよ——ほんとうのところ、わたしは自分に才能があってもなくても、どちらでもよかったのである。

基本的に才能とは自分に何かができると信じることだ。

自分がどうしても何かをやりたいときに、それがかけ値なしにすばらしいことだと信

じる力をもてれば、きっとうまくいく。それで十分ではないだろうか

個性がないからいい

フリーダイビングは精神的な落ち着きを得ることでよい結果がもたらされる。そのため四〇代、五〇代というような比較的年齢の高い人も活躍できるスポーツだ。そこがおもしろいのだけれど、一般的にはスポーツ競技というと肉体が上り坂にある若い世代が中心である。そのため幼少期から英才教育を受けて、厳しいトレーニングに励むこともめずらしくない。

いや、スポーツにかぎらず、最近はちいさい時分から習いごとをさせるのが普通のようだ。小学校に上がる前から英会話教室に通ったり、リトミックを習ったりする。子どもの能力を伸ばすことはすばらしい。家でできないことをさせてあげるのもいいことだ。それはわかっている。けれど、自分の子ども時代を思いかえすと、ちょっとね。わたしならきっとイヤだったろうなと思う。

わたしは両親にとても感謝していることがふたつある。ひとつは丈夫な身体にうんでくれたこと。もうひとつは、あなたこれをやりなさいと一切いわなかったことだ。早く

に自分の個性がきまらなかったおかげで、いろんな楽しいことに熱中して、無駄な時間もたくさんすごして、底なし沼に落っこちもしたけれど——。

きっと、フリーダイビングのすばらしさに出会うために、わたしはずっと目立たなかったのだ。わたしの場合は個性のないことが最大の個性だったのかもしれない。

目標を設定しなくてもいい

あなたにはビジョンがない

しっかりとしたビジョンをもつことは大切だ。人生とか仕事とかで自分自身の目標をかかげて、その実現に向かってやるべきことを設定していく。目標は具体的であるほどいいし、かならず実行できることでなければならない。そして、その目標はいつ実現されるべきなのか。それを明確にしておく必要がある。

ビジョンをもたずに、ただ漫然と生きていくことは、いわば地図ももたずに行き先を探して歩き回るようなものである——。

というようなことが、よくいわれるけれども、わたしはどうもビジョンをもつことが苦手だ。よく人から「あなたにはビジョンがないのよ」といわれて、がっかりする。でも、反面すこしほっとした気分にもなるから、わたしにとってはビジョンの問題はできるだけかかわらずにすませたい事柄のようだ。

本当は自分もしっかりと目標設定をして、そこに向かって何をすべきか。どんなことを勉強するか。そんなことをきめてから行動するべきなのはわかっている。でも、わたしは好きなことを見つけると、あと先考えずに飛びついてしまうクセがあるからしかたない。

目標も何も考えずにいつのまにか行動をおこしているなんてことは、人生における重要な局面、たとえば進路をきめるというようなときにもあった。それでも後悔したことはない。いや、それは自覚が足りないだけかもしれないけれども。それとは逆にしっかりと目標を立ててがんばったつもりで、思わぬことにぶつかって身動きできなくなった、という経験もある。

人と戦うのは苦手

中学生の三年間わたしは卓球部に所属していた。たしか三年のときにはキャプテンか副キャプテンをつとめていたはずだ。でも、もともと卓球が好きだったのでなくて、仲のよいお友達にいっしょに入ろうよとすすめられて入部した。テニスやバレーボールやバスケットなどは華やかでいいけれど、わたしはちょっと体力に自信がなかった。それが卓球ならちいさな台でやるから、なんとかなりそうな気がした。

それと卓球部を見学したときに先輩たちがカッコよく見えた。台から離れて、アグレッシブに打ちあう姿はまさにスポーツで、わたしたちが遊びでやるピンポンとは全然ちがう。あんなふうにスマッシュを打てたらいいと思った。

けれど、入部してみるとイメージとはちがい、練習もそれなりにきつくてびっくりした。とくに一年生は「基礎体」といって、走ったり、素振りしたり、筋トレしたり、毎日地味で苦しいことばかり。

でも、わたしはうまくなりたかった。早く選手になって、そして試合で華麗なスマッシュを打つ自分をイメージすると、練習もさほど苦にならない。それればかりか部活以外たりした。

でも素振り練習をしたり、階段をかけ上がってみたり、何かとトレーニングに結びつけ
うまくなる目標に向けて練習をする。そしてその成果を検討し、もっといい練習法について考える。そういうのをPDCAサイクルというのだろうか。わたしなりに考えては努力し、自分を目標に近づけていった。そうして二年の秋、ついに代表選手として市大会への出場を果たすことになる。

やるべきことはすべてやった。あとは自分を信じてプレイすれば、きっとうまくいく――と思ったのだけど、全然うまくいかなかった。

それは、わたしにとって初の実戦でプレッシャーもあったし、観客の前であがってもいたのだろうけど、それはまあいい。それよりも卓球台をはさんだ相手選手の気迫に圧倒されたのである。それは戦いだった。テーブルの前に立ったときから〝気〟の戦いがはじまる。気負けしなければきっと、勝てたりするのだろう。でも、わたしは怖気づいた。相手の目が怖かったのだ。何だかすごく睨んでいるし。こちらはもう胃が破けそうな気がして、逃げだしたくなった。

まあ、はじめての試合に負けたけれど、気をとり直していこう。あの選手は目が悪くて睨んでいるように見えたのだろう――なんて考える。だが、つぎの試合も、またその

つぎの試合も、わたしは相手選手にガンを飛ばされてすくみ上がった。飛んでくる玉までがわたしを睨みつけてくるような気がした。

結局、わたしはいちども華麗なスマッシュをキメることなく、三年間で卓球をやめることになる。どれほど目標に向けて努力しても、実現できるとはかぎらない。

ただ、わたしは「倒すぞ」「倒されるぞ」という一対一の競技は、あまり好きでないことに気づいたのが、三年間を通じて唯一の成果だったと思う。

感じるままに

でも、そんなふうに書くと、母から「卓球はそんなに陰険なスポーツじゃないわ」といわれそうだ。

わたしの母は、三〇年ほど前、ちょうどわたしと入れ替わるように卓球をはじめた。それはもう感心するくらいの凝り性だ。あるとき、母がひどく思いつめた顔をしているので、「何かあったの？」ときくと、「ラケットをどっちにするか悩んでいる」という。

また、あるときは頭をかしげながら「こうなのかな……」とキッチンで真剣にドライブカットのラケットの角度を確認している。そのうしろ姿が何とも可愛い。

素振りのほかにも、キッチンの戸棚など目につくところに〝ピンチはチャンス〟なんて書かれた紙が貼ってある。その前は〝迷ったらGO〟だった。ときどき変わる標語は、試合中にかけることばなのか、日常の自分に向けているのかはわからないが、これがそのときの母のテーマらしい。ちなみに今月は〝口角をあげる！〟だった。

向上心の強い母は初心者クラスからはじめて、今は上のクラスに上りつめてしまった。六〇歳をこえても、録画した世界卓球を何度も観ては研究し、気づいたことを卓球ノートに記している。ノートはもう三〇冊をこえ、つみ重ねると蟻塚のようだ。そこには自分の試合の結果とか、やるべき課題とか、頭に浮かんだアイデアなどがびっしりと書きこまれている。家事を終えてからのひとりの時間、母は相変わらず寝落ちしながらノートを書き、ビデオを見て研究したりしている。

日常生活では人間関係に悩んだり、雑事にわずらわされたりする。けれども、母はそんなことより、「どうやったらあの球を返せるのだろう」「最新のフリックって……」ということで頭がいっぱいみたいだ。好きなことがあれば、こうして心惑わすものから離れることもできる。どんなことでも没頭できるものをもつことは、何歳であっても人をイキイキさせてくれる。幸せなことだと母を見て思う。

——この母にして娘ありか。好きなことに飛びつくわたしのクセはおそらく母親ゆずりなのだろう。でも、いつも思うままに行動してしまうわたしを、母はきっとヒヤヒヤしながら見守ってくれていたにちがいない。

今日も出かけるときに、ふと気づくと電話の近くに紙が貼ってある。何か伝言があるのかと思って見ると、〃(ラケットを)振るときはフッ、フッと呼吸する〃と書かれていた。

ああ、わたしはまだまだ母には負けているなあと思う。

平常心でいこう

船を一所懸命にこいで、見えてきた港に着く。そこで想像もしていなかったことに出会う。そして、またつぎの港をめざして船をこぐ。

わたしのやってきたのはそんなことだと思う。好きな方、好きな方へとすすんでいくと、集中してパワーも注げるし、それによって周りの人に何か返せたりもできる。

ビジョンをもたないことは、海図をもたずに海原を行くようなものだという。けれども、わたしはきっといるべき場所にたどり着くような気がする。むしろ目標を定めても、かならずそこにいけるとはかぎらない。なぜなら、ほんとうに海図が正しく描かれているのか、たしかめようがないからだ。

遠い目標を設定しなくても、人は遠くまで行くことができる。

冒険心を満たすのは高い志ではなくて、今の自分に集中することであり、いわば日々平常心のつみかさねだ。

自分を変えるスイッチ

変わりたい自分

自分を変えるスイッチというものがあるらしい。それを入れるとやる気が出るとか、モチベーションが上がるというものだ。まるで魔法のようなスイッチをオンにするのはかんたんで、自分はこうありたいと思うこと。たとえば、身近な目標なんかを口に出してみればいい。

「今日の講演もいつも通りうまくいく」——なんてふうに。

「いいぞ！　わたし」——だってかまわない。

周囲が気になって口に出せないときには紙にでも書いてみる。

「二時までに書類を上げる」というような、すぐに実行できることをつづるのだ。

実際にわたしもやってみた——「今日は九〇メートル行こう」

なるほど、ちょっとした高揚感があって効果もでそうだ。これはつかえるかもしれない。けれども、フリーダイビングの競技前は精神集中のヨーガがわたしのルーティーンなので、スイッチはたいてい入れ忘れてしまう。

ところで、スイッチを入れる意味は何だろう。人はなぜスイッチを入れたいのかと考えてみる。おそらく、自分の能力をいかんなく発揮したい——、理想の自分にもっていきたい——いいかえれば、今、この瞬間にもっと強い自分に変わりたい——ということだろう。すると、あれかな。むかし変身ヒーローが「変〜身ッ」とポーズをキメていたのも、何かそういった事情があったのかもしれない。

人間の身体は六〇兆個もの細胞からできていて、この細胞は毎日うまれて、毎日死んでいく、らしい。そして、六、七年たつと体内の細胞はすっかり入れ替わるのだそうだ。つまり、数年後の自分は——細胞レベルでみれば——別人なのである。

ただし、絶対に入れ替わらない部分があって、脳はいちど形成されたら再生されることはない。そのおかげで記憶や意識や性格などパーソナルな部分が維持される。

それなら「変わりたい」という思いはどこから生まれるのだろう。おそらく脳は個性をつかさどると同時に変化も求めているのではないだろうか。変身願望というようなものが、わたしたちの脳のどこかにあって、それが何かの機会に発動されるのかもしれない。「人が変わったようだ」「まるで別人みたい」といったパーソナリティの激変は、運命すらも変えてしまう変身スイッチが入ったことによるのだろう。とても不思議なことだけれど、わたし自身これまでに三度、この変身スイッチが入る体験をしている。

リズミカルに跳びたい

何をやっても〝オール3〟。中学のときは卓球に熱中したけれども、何だかは・し・か・みたいなものだった。そんなわたしが何もかも忘れて没頭する楽しさを知ったのが高校の新体操部でのことだった。

新体操をはじめようと思ったきっかけは、体育の時間にハードル走でリズミカルに〝タン・タン・ターン〟って跳ぶのが、やけに気持ちよかったからだ。でも、陸上で早く走るのは自信がないし、ほかにリズミカルにジャンプするようなスポーツはないかと思っていたら、たまたまテレビで新体操の試合が映っていた。

あ、これだ——このとき変身スイッチが入ったにちがいない。ちょうど受験の時期だったから、わたしは新体操部のある高校に進学しようと思った。両親にも理解してもらい首尾よく志望校に合格する。

けれども、そこでちょっとした壁につきあたった。それは新体操を高校生からはじめるのはむずかしいという現実である。一〇代後半になると身体も大人になって、柔軟さが失われ、すこしずつ硬くなっていく。だから、遅くても中学時代にはじめていないと練習にすらついていけないという。とくに入学した高校は中高一貫校だったから、部員は中学から続けている子がほとんどで、身体も細くてやわらかいし、バレエを習ったりして演技のトレーニングもつんできている。未経験のわたしとはまるでちがっていた。

以前のわたしなら、自分には無理だとあきらめていただろう。でも、変身後のわたしは何の躊躇もなく入部してしまった。高校生デビューは、実際に練習もキツかったけれど、それでもすこしずつ身体はやわらかくなっていく。ジャンプも次第に高く跳べるようになる。それがうれしくて、面白くて、毎日が楽しかった。

それは、ほんとうに新体操漬けの日々で、好きな選手のビデオをテープが伸び切るまで観て、技のイメージをつかむ。『光の伝説』という新体操の漫画があるのだけれど、それを一日一回かならず読む。授業中もずっと演技の構成を考えているから、おかげで成績はガタ落ちになったけれど……。わたしは一年生の秋の新人戦で個人三位に入賞することができた。

新体操が生活のすべてだったけれど、だからといって国体をめざすとか、日本一になりたいという明確な目標があったわけじゃない。ただ、変われる自分がうれしかった。軽やかに跳ぶこと。それで十分だったと思う。

それと、かけがえのない経験となったのが、顧問の大谷初美先生の血の通った指導だった。とても厳しくて、失敗が続くと「なぜ直らないの！」と大声で叱責される。思わず身がすくむけれど、「はいっ！」とお腹から声をだす。つま先立ちのまま、ほんとうに涙をためて。怒られるのは自分のミスとわかっている。けれども、怒られると燃えるのだ。やってやる！　って。何だかそんな感じだった。燃える青春というものがあるなら、それは絶対にあの新体操時代だ。

社会人になっても卒業生で先生をお招きして食事会をやるのだけど、大谷先生は「あなたたちの時代がいちばん印象にあるわ」といってくださる。あのときの時間。仲間。大谷先生。みんなわたしの宝物だ。あの時代があったからこそ、現在の自分があると思っている。

あこがれの営業マン

高校卒業を機に新体操をやめたのは、自分なりにやりつくしたと思ったからだ。高校生ではじめたことで限界も感じていたし、体育大の推薦もいただいたのだが、この先もっと厳しいトレーニングを続けていくモチベーションはきっともてないだろう。新体操はここまでだと思った。そのとたん、憑きものが落ちたように、自分が何をしたいのか、好きなものが何かも、よくわからなくなってしまった。

結局、わたしは就職につぶしのきく経済系の短大にすすんだ。ごく普通の学生生活はあっというまにすぎて、世間ではバブル景気が終わるころ、わたしは運よく就職をする。大手電機系列のビル管理やエレベータ保守をおこなう会社で、わたしは営業事務として配属された。見積書や契約書をつくったり、会議の資料を用意したり、お客様へのお茶出しなどの一般事務である。

仕事はおもしろかった。でも、課の営業マンの話をきいていると、どこの昇降機がこわれたから、作業員を手配して、夜中も対応するぞとか、人間相手のドラマみたいなものを感じて、営業マンっていいなと、ちょっとあこがれたのを覚えている。それが入社二年目にして総合職への転属試験というチャンスがめぐってきた。がんばって営業マンになれるかもしれない。よしチャレンジしてみよう――と、ここでまたわたしの変身スイッチが入ったのだ。

どうにか試験に受かり、わたしは営業マンの男性たちに混じって仕事ができるようになる。何しろ外回りは面白くて、ビルのオーナーさんや管理会社の責任者さんから地下の機械室の職人のお爺ちゃんまで、この仕事をしていなければ会えない現場の人たちとお話できるのがうれしかった。

もっとも最初はほとんど相手にされなくて、「ああ、女がきた」みたいな顔もされたけれど、現場は怖いが熱い人ばかりだ。わたしが真面目に勉強して、真剣に対すれば、ちゃんと向きあってくれる。「お前、こんなこともわかんねえのか」「見積書まちがえてるぞ」と、怒りながらも、すこしずつやさしくなるのだ。「いいか、うちの担当者にはこう説明するんだぞ」なんてコツを伝授してくれたり、「たまには息抜きしろ」と歌舞伎の券をくれたりした。世のなかは人のつながりで回っているんだなとつくづく感じたものだ。

営業を通じて、わたしはビジネスのやり方をひと通り学ばせていただいた。毎日終電まで仕事をして、休日には接待ゴルフなどにもついていく。ワーカーホリックなんていうけれども、仕事をすることが楽しすぎるのだからしかたがない。

わたしの燃える営業マン時代は、寿退社という、ちかごろあまりいわなくなった人生のイベントを迎えるまで、四年間続いた。

わたしは誰かとつながっている

見えない力によって自分が変わる。ちょっと不思議な体験だったから、自分に変身願望があるのかもしれないと考えるけれど、ほんとうはどういうことかわからない。でも、これだけは確かだと思うのは、わたしが変わろうとするとき、そこにかならずわたしを受けとめてくれる人たちがいたことである。わたしはつねに誰かとつながっていて、そのつながりによって、わたしの存在はより確かなものとなる。

そう考えると、自分が変わるというのは、人とのつながりがおおきく変化することだといえるかもしれない。それは、わたしの三度目の変化となるフリーダイビングをはじめたときに心底感じたことでもある。

海へのいざない——直観を信じる

小笠原の海へ

まるで変身スイッチが入ったみたいに自分が変わってしまう。わたしはこれまでに三度そういう体験をした。一度目は新体操。二度目は営業マン。そして、三度目はフリーダイビングのとりことなっている現在のわたしだ。

ただ、新体操のときも営業マンのときも、自分のスイッチが入った瞬間を覚えているけれど、フリーダイビングはいつそうなったのかはっきりしない。日本代表に選ばれて、はじめて世界大会に出場したときだったのか、それとも最初にフリーダイビングの講習を受けたときなのか。そうだ、小笠原のうつくしい海に魅せられたことも、おおきなきっかけだったにちがいない。そのときわたしはイルカと泳ぐことを夢見た。

ふと、つけたテレビの深夜番組で——たしか『トゥナイト2』だったと思う——レポーターの女の子が小笠原の自然を紹介していた。ハイビスカスが咲き誇る常夏の島が実は

「東京都」だなんてことに、へぇーと感心しながら観ていると、番組のなかでドルフィンクルーズという現地ツアーが紹介された。そこでイルカといっしょに泳いでいるシーンに出くわしたのだ。水族館のショーみたいに、イルカは女の子に顔を近づけて遊んでいる。野生の生き物が人に寄ってくるなんて不思議だった。

わたしも行ってみたい——無性にそう思った。水族館でなく海に泳ぐ野生のイルカを間近に見ることができたら、どんなに楽しいだろう。

すぐに現地まで行く方法やクルーズについて調べた。そして、テレビを観てから二、三カ月後だったと思う。わたしは一〇月の小笠原の海にでかけたのだ。芝浦の日の出桟橋から「おがさわら丸」というフェリーで出発し、片道二五時間かけて到着する。だから六日間のツアーで現地滞在が三泊四日しかできないのだけれど、わたしはお目当てのイルカと出会うことができた。

それからマッコウクジラに、きれいな夕日、目をうばわれるものばかり。島の雰囲気も独特で、インターネットも携帯電話も通じないし、いろいろなものがなくて不便だけど、都会生活では感じることのできない素朴な生活にひたれる。それはほんとうに楽園だった。

イルカは笑う

はじめて訪れた小笠原で出会ったイルカ。「こっちにおいでよ」と誘われているようで、その後も何度も訪れることとなった

わたしの手元に一枚の写真がある——はじめての小笠原の海で撮ったものだ。

かりたシュノーケルや足ヒレをつけても、泳げないわたしは水にはもぐらずに、水面に顔をつけて、イルカが泳ぐのを眺めていた。夢に描いた光景を目のあたりにし、うっとりしていると、イルカがこちらに近づいてくれたのである。わたしを見て、身体をくゆらせてくる。思わず〝水中写ルンです〟のシャッターを押した——これがそのときの写真だ。

小笠原でイルカに出会うわたしの夢はかなえられた。だから、家に帰ってからも満ち足りた気持ちでいっぱいだったし、ほかに何が望めるだろう。けれども数日後、現像された写真のなかにこの一枚を見つけて、思わず見入ってしまった。

イルカが笑っている。そして、何だかわたしをよんでいるように思えた——「こっちにおいでよ」。ああ、もういちど行ってみたいな。そんな思いが湧き上がる。

この写真がなかったら、小笠原の海はよい思い出として胸にしまわれていただろう。そして、わたしはきっとほかの興味を見つけて、そちらにいったにちがいない。

けれども、笑うイルカに誘われるように、わたしはふたたび海に行こうと思った。イルカやクジラやマンタのいるところ。そして、やがてフリーダイビングとの出会いが待っている海へとわたしは向かっていった。

フリーダイビングをやるといいよ

小笠原には年一、二回のペースで出かけていきイルカと遊んだ。自前のシュノーケル、マスク、足ヒレを揃えて、それでバシャバシャしているだけでよかった。

泳ぐのは、やはり躊躇してしまう。はじめてのクルーズのときは、器材のつかい方をかんたんに教えてもらい、見よう見まねで飛びこんだら——それが最初の海体験だ——

水がガーッと気管に入って激しくせき込んでしまった。シュノーケルをくわえていれば息が吸えるものかと思いきり呼吸したのがいけない。足がつかないし、どんどん流されていく。それはもう最悪の体験だった。

イルカと自由に泳ぎたいけれど、そもそもカナヅチのわたしがどうしたらシュノーケルや足ヒレをうまくつかえるのかわからない。でも、まあいいか。そんな状況で何年間かすごした。

ところで、小笠原ツアーに参加する人はわりとおなじ顔ぶれで、現地ではみんな仲良くなる。父島のユースホステルで知りあったケロちゃんも、いっしょに何度もドルフィンスイムを楽しんだ仲間で、カメラマンの仕事のかたわら、趣味でイルカの写真を撮っているという。

「こんど沖縄の海を見てみない」――ケロちゃんのおさそいで沖縄の阿嘉島(あかしま)に渡ったのは二〇〇三年の二月のことだ。泳ぐにはまだ寒くて、きれいな海をぼんやりと眺めたり、ウクレレを練習したりして、ゆるりと旅を楽しんだ。

その帰りのことである。

わたしの乗る飛行機が、故障か何かで那覇空港から飛び立てなくなった。一時間くらい機内で待たされただろうか。乗客はみんな手もちぶさただから、お隣りの人と世間話をしている。「どちらへ？」みたいな。わたしのお隣りは二〇代と見える青年で、とても気さくに話しかけてくれた。

お互いあたりさわりのない話をするうちに、その人は素もぐりをしに沖縄にきたという。それでわたしが「小笠原でイルカと遊んでいるんですけど、何か上達の秘訣はないですか」というようなことをきいたのだと思う。そのとき、「フリーダイビングをやるのがいちばんですよ」という答えが返ってきた。

フリーダイビング？　何だろう。思いめぐらすと、去年、女優の高木沙耶さんが日本記録を出したと、ニュースでやっていたっけ。

「僕もいっしょにその大会に出ていました」——その人は蝦名さんといって、フリーダイビング日本代表選手だった。

「フリーダイビングは素もぐりの技を競うんです」

フリーダイビングがどんな感じのスポーツなのか。世界大会がどんなものか。息を止めてもぐることがいかにすばらしい体験か。蝦名さんが熱く語るあいだ、飛行機はいつか那覇を飛び立ち、ひと足で羽田に到着していた。

フリーダイビング——何だか苦しそうなスポーツだけど。足ヒレがうまくつかえればイルカと泳げるようになれるかなあ、などと考えながらゲートをくぐると、「ちょっと」

と蝦名さんがわたしをよびとめる。

「関東で活動している東京フリーダイビング倶楽部というサークルがあって、僕はその代表を知っているから、今電話して紹介しますよ」

あまり急なので、わたしはびっくりしたのだけれど、なんだか話はトントンとすすむ。こちらはもう、なるようになっちゃえという気持ちだった。

蝦名さん——今はダイブをやめたときいた。だからお会いすることもないけれど、あのときのアツいお誘いによって、わたしはすばらしい世界に出会えたことを心から感謝している。

出会いはブラックアウト

今になって考えると、スポーツの神様がわたしとフリーダイビングを引きあわせてくれた気がする。イルカや蝦名さんを仲立ちにして、出会いのお膳立てが整っていたと思えてならない。とはいえ、最初にフリーダイビングを見たときの第一印象は、けっしてよいものではなかったのだけど——。

飛行機の件から数週間たった三月のある日、東海大学でおこなわれたプールの大会を見学にいった。会場はとても広いプールで、観客は見当たらず、全体がほぼ関係者のようでシーンとして重たい空気に包まれている。わたしが入っていくと「誰?」みたいな感じでちょっといづらい雰囲気だ。さらにプールのなかでは大人の男たちがガンバっている。よく見ると何やら失神している——ひえっ、何だこりゃ。

ブラックアウトである。わたしが最初に見たフリーダイビングは失神の光景だった。こんなものを見せられたら、これはやりたくないと思うのが普通だろう。ほんとうは、すぐに会場を出ようとしたのだ。けれども、何となく最後まで競技を見てしまったのは、何だろうな。わたしはこれをやるべきなんじゃないかという、直観みたいなものがあったのかもしれない。

競技が終わると、一転してウクレレひいたり、うたったり、とてもなごやかな雰囲気になって、東京フリーダイビング倶楽部(TFC)の市川さんが、みなさんにわたしを紹介してくれた。市川さんは茶髪のお兄ちゃんという雰囲気なのだけど、どことなくイルカと似ているなと思った。あの人が海に入るとイルカがいっせいに寄ってくる。やはり同類だと思われているのだろう。

そのプール大会の見学では、帰りにフリーダイビングのキプロス国際大会のDVDをおかりした。日本人や海外の選手が海洋とプール競技をおこなっているところをクールな音楽とともに編集してある。色とりどりのウェットスーツに身を包み、ブルーウォーターに溶けてゆく様子は、選手がみんな海洋動物みたいに海と同化して、世のなかにこんなうつくしいスポーツがあったのかと驚いた。

すでに、わたしもやろうと心にきめていた。

縁を育てたい

多生の縁

「袖振り合うも多生の縁」などという。見ず知らずの人と偶然に袖がふれあうことも、じつは前世からの深い因縁でむすばれているという意味だ。

わたしは恥ずかしながら、ずっと「多少の縁」と思っていた。袖がふれあうことでちょっとした縁がうまれるということであろうと。良縁、奇縁、くされ縁、いろいろあれども、この世がたくさんの縁でつながって動いていると考えると、どことなくほっとするから、このことわざが好きだった。

ところが、前世からの因縁となると話は別だ。それはこの世のものではない。

仏教の思想に六道輪廻（ろくどうりんね）というものがある。これは輪廻の世界を地獄・餓鬼・畜生・人間・阿修羅・天の六つに分けたもので、それぞれの世界は業（カルマ）によって形成されている――らしい。

生きとし生けるものは何度も輪廻転生（リーインカネーション）をくりかえし、前世のおこないによって住む世界がさだめられる。この考え方を仏教では「因果応報（いんがおうほう）」といって、この世でよくない業を重ねれば、来世は人以外にうまれ変わるかもしれない――という怖しいお話だ。だから、この世に人としてうまれ、誰かと袖がふれあうなどというのは、ほんとうに大変なことなのである。

わたしはどうも想像力が乏しく、六道輪廻などといっても、すこしもしっくりとこないのだけれども。

ただ、ヨーガストーラに「根因（こんいん）が存在するかぎり、その結実すなわち、さまざまな生類への再生と寿命と経験とがある」という教えがある。自分はつぎの生でかならずしも人間の身体をとるとは限らない。経験と進化のなかで魂は変化して、身体はさまざまな生類の乗りものにすぎないという。自分が本当に生まれ変わるのかは、実際わからないけれど、こうして人間に生まれ、日本にいることが因果応報にむすばれたものなら、ここには意味があり、この現世で出会う人々との「縁」はわたしの「魂」の進化に意味があるものだ。その縁によってわたしという魂は経験をつみ、進化の旅は続いてゆく——というものだと考えたい。

いいかえると、縁によってわたしは育てられているのではないかと思うのだ。

わたしを支えてくれる人たち

フリーダイバーとして活動していく上で、経済的なことはつねに重大事となる。プロのダイバーといっても多額の収入が保証されるものでなく、講師やインストラクターなどの報酬のみで、海外遠征の費用をまかなうことは、なかなかむずかしい。どうしてもスポンサーとサポーターズクラブ(後援会)のご支援が必要となってくるのだ。

けれども、選手をしながら事業的な活動をおこなうのは大変なことで、これは個人の資質もあると思うのだけれど、わたしの場合はどうも、きめ細かな折衝をする能力に欠けているらしい。

そんなわたしを「岡本美鈴サポーターズクラブ」事務局の方たちはいつも助けてくだ

さる。お知らせの発送から入会の案内までボランティアで引き受けていただいて、感謝のことばもない。

事務局を立ち上げてくださった花島優美子さんをはじめとするみなさんとは、わたしが退職後に住んでいた佐倉市の自治会で役員にスカウトされたことがきっかけで知りあった。いっしょに自治会の催し物を企画したり、お茶したり、家庭菜園でつくった自家製野菜などをみなさんへおすそ分けしたのがなつかしい。

それは、まだわたしが二〇代半ばで小笠原へ行く前のことだ。やがてフリーダイビングの世界に入り、変わっていくわたしをいつも見守るように応援してくださった。ほんとうの家族のようなこの温かい人たちのサポートがなければ、今もフリーダイビングをつづけることはむずかしいだろう。

そして、岡本美鈴サポーターズクラブ・真鶴支部を立ち上げてくださったエリさん。真鶴での海洋練習のあとはきまってエリさんのところへ寄り、ご飯をごちそうになり、お話をきいてもらった。わたしはいつだって実家に帰ってきたような気がしたものだ。

先日無事開催できた真鶴フリーダイビングフェスティバル二〇一七では、はじめて実行委員長をつとめる不慣れなわたしを見えないところで励ましてくださった。大会では沖に船を係留して、水中映像をライブ中継したり、観客が目の前でダイブを観戦するなど、はじめてのこころみだったが、それが成功したのも最初にエリさんがスポンサーや真鶴のみなさんとの縁をつないでくださり、地元のご理解と協力をいただけたからだと思う。

また、競技活動では、ともに競技をおこなう選手に助けられることも多い。

二〇一一年一〇月、イタリア・リニャーノでの世界大会（プール種目）を前に、アテネの海洋種目世界大会で風邪をひいてしまい、イタリアに向かう途中で訪れたフランスのマルセイユではさらに症状をこじらせて、気管支炎をおこしてしまった。わたしは結局出場を断念する。フランスから日本へ航空券を買い直したときは、「こんなのはじめてだなあ」とひどくうつろな気分になったのを覚えている。

体調の悪さと失望感で、なんだか日本へ帰る足が重い。そのとき現地ダイバーのグレッグとチカちゃんの夫妻の家に一週間ほどステイさせてもらっていた。お散歩やドライブにつれて行ってもらい、好物のムール貝をたくさん食べた。海と山にかこまれたマルセイユはとてもすてきなところで、フランスパンもチーズも最高に美味しい。新婚だったグレッグ夫妻の幸せも分けてもらい、アテネから一緒にステイした仲間ともたくさん話して笑って、体調も沈んだ気持ちもいっぺんに治った――ああ、あのとき、どれほど助かったことだろう。

プロのフリーダイバーになった今でも、トラブルに遭遇したり不安になることがあるけれど、多くの助けによって活動を続けらている。とくにわたしの場合は、さまざまな人との縁とやさしさをいただいている。

わたしの競技の記憶は、いつも大事な仲間たちとの思い出とつながっている。

ジュンジュンと岩田さんが教えてくれた

植木淳子さん——ジュンジュンは、わたしが素もぐり教室のアシスタントをしたときに、そこの生徒さんだった。彼女はたまたま隣町に住んでいて帰り道がいっしょだったから、わたしはよく車で送っていったものだ。その途中でいろんなお喋りをしているうちにとても仲良くなり、ジュンジュンはわたしのかかわっていたホエールウォッチのツアーに参加してくれた。たしかそのときの宿泊先でのことだったと思う。

ちょうど二〇一〇年日本開催の世界大会が近づいていて、わたしは参加選手であるいっぽうで運営スタッフのようなこともやっていた。何しろ人手不足で困っていたから、ホテルの部屋にまでノートパソコンを持ちこんで仕事をしていたのである。

それを横で見ていたジュンジュンがいった——そんなことをしていちゃダメだよ。選手なのに何でこんなに忙しいことになっているのって。

実はそれまでも手伝ってあげようかなって思ってくれたらしいのだけど、そうなると自分が大変になるのがわかっているから、ずっといえなかったらしい。でも、さすがに見かねて、「あー、アタシがやるよ」。

そうして事務的なこと一切を面倒見てもらうことになったのである。会員の方への連絡からメディア対応、年二回の会報をつくるのにデザイナーさんを探すとか、発送の仕切り、経理関係まですべてだ。

しかも、イヤな顔もせず、わたしのかわりに頭を下げてくれたり。今の世のなか血もつながっていない相手に、自分の身を削ってまで助けてあげようなんて、めったにできることではない。わたしは一生、ジュンジュンには頭が上がらないのだ。

ところで、ジュンジュンの本職はブリザーブドフラワーといって、生のお花を加工して長く保存できるようにするアーティスティックな仕事だ。よくブーケなどが売られているのだけど、それをアレンジしたり、オーダーメードでつくったりしている。また、自身でもアレンジメント教室を開いている。そのいっぽうでスクーバダイビングをしていて、ダイバーのお友達をたくさん紹介してもらった。

広くいろいろな世界を知っているジュンジュンから見ると、わたしが選手としてやるべきなのにできていない部分がわかってしまう。それで、後援会にあつまってくださるファンの方には、もうちょっと反応を早くしてねとか、こういうことは失礼にあたるよ、とか。そういうことをはっきりいってくれるのは、彼女だけなのだ。

フリーダイビングができるのは、わたしひとりの力ではない。応援してくださるサポーターによってささえられている。わたしが縁でむすばれた方々にどうやってこたえるべきなのかを、ジュンジュンはおしえてくれた。

ジュンジュンのアドバイスは、わたしに人への心づかいを根づかせてくれたばかりでなく、フリーダイビングを基本にそこから精神生活を豊かにするさまざまな活動をひろげる機会をあたえてくれた。

また、現在のマネージャー岩田一美さんとの出会いもおおきかった。二〇一〇年からマネジメント業務をサプライくださるだけでなく、アスリートに必要な心がまえからビジネスのノウハウや、お金を出してささえてくださるスポンサー様やサポーターの方々への感謝の伝え方などアスリートとしての社会とのかかわり方や考え方など大切なことを、今でも教わっている。

こうして、わたしも地元の応援くださる方々、サポーターズクラブのみなさんへのささやかな恩返しとして、地元でヨーガ教室をひらくことができた。市民大学の講師も含めて一〇年以上続いている。また、地域活動として、水質汚染が問題となっている印旛沼の清掃活動をはじめたのも、ジュンジュンが地域の人とつなげてくれたおかげである。

そうした活動の延長として二〇一〇年以来、海洋保全のPR活動としてELNA（特定非営利活動法人エバーラスティング・ネイチャー）とともに起ち上げた「Marine Action」も今年で七年目を迎える。「多生の縁」にむすばれた人たちの力とともに、今、わたしはこの世に生かされているよろこびを感じている。

明日はかならずくるわけじゃない

あたりまえの日常

人は誰でもあたりまえの日常のなかに生きている。

会社員は満員電車にゆられながら週末の予定を思い描き――実業家はつぎの事業案件に不安ながらも乗り気になり――主婦はあたらしいわたしを見つけることに夢中になり

——子どもたちは公園の遊具の順番待ちをし——議員は地元回りに精をだし——金融トレーダーはティックの上下に神経をすりへらし——スポーツ選手は肉体改造に燃え——豆腐屋は早朝から豆乳を固め——赤ん坊は泣き——犬は吠える——。

きっと明日もおなじような一日が訪れることを誰もが知っている。たとえ日々の生活にうんざりすることはあっても、誰の上にもひとしく明日はやってくるのだ。

なぜだろう。なぜ人は明日がくることを信じて疑わないのか。

わたしは知っているのだ。突然、明日がきえてしまうこともある。

死が意外なほど身近なことだと、わたしが気づかされたのは、一九九五年三月二〇日に起きた地下鉄サリン事件だった。

地下鉄サリン事件

その日、自宅をでたわたしは、舞浜駅から京葉線に乗り、八丁堀駅で日比谷線に乗りかえた。そこから会社のある東銀座駅へと向かう。すこし早く家をでたおかげで東銀座の改札口に近い、いちばん前の車両に余裕をもって乗れた。いつもは急いでうしろのほうに乗るのだけれど。あとになって思えば、それが幸いした。

八丁堀駅を出発してまもなく、後ろの車両から叫び声がきこえてきた。朝からケンカをしているのかしら。そこに「緊急停止ボタンが押されたので、つぎの駅で停まります。押したお客様は名乗り出てください」という車内放送が流れた。アナウンス通りに築地駅でドアが開けっ放しになったけれど、しばらくは何が起きているかわからなくて、早く動き出せばいいなと考えていた。すると突然「三人も倒れているぞ」という声がスピーカーから流れてきたのだ。急にあたりがザワついてきて、気がついたらホームの右手から、口を押さえた人たちがたくさん歩いてくる。

目の前の改札がバッと開いて、「退避してください」という放送が流れる。わたしも早く外に出なくてはと、電車を降りたところで、異臭を感じとまどった。そのとき偶然に会社の上司と会い、「事務所まで歩いていこう」と階段を上って――そこからの記憶がはっきりしない。おそらく、たくさん人がしゃがみこんで、あまりよくない状況だったのだろうけれど、そうした光景は自分のなかで消されてしまった感じがする。

それから上司と会社にたどり着き、気づくと自分の机に突っ伏していた。ひどい気分に襲われてしまい、目が変になって、見えるけれど焦点があいづらく、ひどく眩しい。それで、すぐに病院につれて行ってもらった。そのころ母は「ニュースでサリンじゃないかといっているけれど、ウチの娘はだいじょうぶでしょうか？」と、会社に電話をしてくれたらしい。だいじょうぶではなかった。わたしは近くの木挽町医院で点滴を受けて、タクシーで家に送ってもらった。

幸いなことに一日たったら回復した。きっと最前の車両に乗っていたおかげであまり吸いこまなかったのだろう。けれども、翌日のニュースで事件を知り、まさかそんなことが身近に起こり、自分がその被害者になったことがにわかに信じられなかった。亡くなった人がいたこと。そして、自分とおなじ時間におなじ電車に乗っていたことは、すごくショックだった。

朝、「行ってきます」と家を出れば、帰ってくるのはあたりまえと思っていたけれど、殺人事件のようなことが自分にもおこり得ることを実感して怖くなった。

一命をとりとめる

サリン事件の翌年、わたしは卵巣嚢腫(のうしゅ)を悪化させたために、もういちど命を落としかけている。嚢腫は、わたしが営業マンとなったころ、すでにできはじめていて、すこしずつ育っていたのだろう。それが限界まで肥大化してしまったのは、わたしの不注意だったとしかいいようがない。

はじめは太ったのだろうと思った。このごろお腹がでてきたなって感じだった。営業職は私服のスーツだったので、おおきめのジャケットを買ってきて、それでうまく隠していた。そしてスポーツジムへも通い、毎日一〇〇回以上も腹筋をやって、さらにダイエット食に変えてみたけれど、体型がもどらない。そのうちお腹全体がメリメリと痛くなってきた。

何か変だなと思ったけれど、若いし、まさか病気とは思わない。それというのも、わたしは中学のときに、倒れてきた卓球台で手を複雑骨折したことがあるのだけれど――あのときはちょっとした騒ぎだった――それ以外に病院へ行ったのは前年のサリン事件のときだけで、身体が丈夫なのが取り柄だったからだ。

だから、たまに貧血を起こしても、すこし疲れているのだと、とくに気にもせず、タヌキみたいなお腹をさすりながら、普通に仕事をしていたのだ。今思うと信じられない！

ある日の昼休み、お気に入りの築地場外市場を歩いていたときのことだ。昼ごはんを食べてから、玉子焼きと、その隣のシャケ屋さんで鮭トバを買い、通りをわたっていたら、ミシッ、ミシッと――そんな音がきこえたわけじゃないけど、何だかお腹が破れる感じがする。景色がすっかり変わり、場外がまるで白黒映画みたいに色を失ってしまった。

一カ月後、どうにも我慢ができなくなって、父のかかりつけの先生に紹介状を書いてもらい、お茶の水の東京医科歯科大学付属病院へ行く。お腹を診てもらうなり「これは大変だ」となって、翌日に入院、数日後に手術がきまった。

そのときの状態というと、嚢腫が目一杯にふくらみ、腹部全体に広がっていた。先生が「これほどおおきいものははじめて。学会に発表したい」とおっしゃったほどで、何しろ摘出したら重さが五キロもあったから、赤ちゃんを身ごもったようなものだ。

手術前に記念に全身を撮った写真は、どこから見ても妊婦そのもの。けれども赤ん坊以外のものが入っているのだから、見るほどに奇怪なショットに仕上がっている。以前、テレビの取材で「入院中の写真ありますか」というので、それを見せたら、「あ、ちょっとこれは結構です」と尻ごみされた。

それと、検査前には嚢腫が良性か悪性かもわからない。また、お腹全体に広がった腫瘍で検査画像は真っ白。押しつぶされている臓器の状態を撮影するにも、内視鏡では破裂させる恐れがあり、造影剤を入れてＭＲＩやほかの検査も一触即発という状態だった。何かのキッカケで嚢腫が破れてしまえば即死という瀬戸際だったらしい。母は病院から泣きながら帰ったそうだ。

幸いなことに嚢腫は良性であり、摘出手術もうまいこと成功した。そのときのすっきり感といったら忘れられない。目の前がパーッと明るくなって、見るものすべてが鮮やかに爽やかに彩られた。あのときほど世界が色づいて見えたことはない。

けれども、わたしにはまさか自分が病気になるわけがないという思いこみがあったのだ。のちにそのことを深く反省した。あのときは若かったからといういいわけはできない。前の年に、まさか自分が死の危険にあうなんてとぞっとしたばかりではないか。

ありがたいことに二度の災厄で、わたしは命を落とすことはなかった。けれども幸福と不幸は紙一重なのだ。ほんとうの死を前にしたならどうだったろう。なすすべもなく人生を終えねばならないという無力感を想像すると、今もわたしはいたたまれない気持ちになる。

今日でなければ遅すぎる

毎年六月から一一月まで、わたしは神奈川県の真鶴でダイブの練習をしている。おそらく来年の夏もできるのだろうけれど、わたしはいつも今シーズンが最後かもしれないという気持ちで海にでる。なぜなら、明日はもう死んでいるかもしれないし、来年はフリーダイビングができるような状態ではないかもしれないからだ。

かつてわたしは、あたりまえに明日がくるし、あたりまえに来年の夏がきて、クリスマスがきて、買い物をしたり、旅行をしたり、ぼんやりと将来のことを考えたり、そうした生活が続いていくと、普通に信じて暮らしていた。

けれども、あの日、自分が死んでいたかもしれないという経験をしてから、明日なんて誰にも保障されていないと考えるようになったのだ。

いつかは死ぬのだと。それが明日かもしれないし、今日かもしれない。人間いつ死ぬかはわからないなんてことを、それまで、わたしもきっと口にしていたと思う。でも、ことばでいうのとはちがう「わたしは今にも死んでしまう存在だ」という事実が見え、リアルに感じられた。

人生は限りあるもので、明日の自分が生きている保証なんてない。わたしにも大切な人にもかならず最後が訪れる。だから今日を思い切り生きたい。今日できることに全力をつくしたい。今日でなければ遅すぎるのだ。

Part 3
伝える

リーダーシップを分けあう

リーダーの状況判断

一九八八九年秋の高校新体操大会は、わたしたち三年生にとっての引退試合だった。五人でチームを組む団体戦。種目はフープとリボンだったと思う。全員が刈上げショートで臨んだのは、おなじ髪型だと見映えがよいから。ロングとショートどちらに揃えようか迷ったときに、ほかの強豪校がお団子に統一していたのがすごくカッコよくて、それなら自分らは刈上げでいこうよとなったのである。

メンバーのうち三年生はわたしを含めて三人。マルは美人でいつもはきはきしてボーイッシュな子。部長のアヤちゃんは可憐な感じだった。わたしは副部長。それにマネージャーのダイちゃん。彼女は身体も声もおおきくて、可愛いどんぐりまなこだったので、そうよばれていた。

何といっても最後の試合だ。まずは自分たちが練習でやってきたことを一〇〇パーセント表現すること。いつも通りに落ち着いて演技できるか。たとえば、ちゃんと笑えるかということも、しっかりと悔いを残さずにやろうよ。

けれども、気合が入りすぎると思わぬ落とし穴にはまってしまうものだ。

フープのバランス技は上々で、そのあとのリボン演技も投げ技がうまくきまるなど、演技は順調にすすんでいた。ところが二分をすぎたあたりで突然、音楽が止んだ。

えっ、どうしたの？　何が起きたのかわからない——でも、途中で演技を止められないから、みんな無音のなかで演技をするしかないけれど、頭のなかは真っ白だ。

大会では演技につかう音楽テープを試合前に事務局に提出する。曲は規定時間の二分三〇秒に編集してあるが、それが途中で切れていた。何かの手ちがいでわたすテープをまちがえたのかもしれない。

そばでダイちゃんはボロボロ泣いているし、メンバーも半泣きだ。わたしもどうやったら終われるのか呆然としていたら、マルがやおらおおきな声で、

「イチ！　ニ！　サン！　シッ！」

そのかけ声にあわせ、アヤちゃんが落ち着いて全体の演技をリード。みんなで「ありがとうございました！」——わたしたちは演技を終了することができたのだ。

あのとき、失敗のくやしさより、さすがマルだなと感動したことを強く記憶している。

とっさの機転、そして、それを実行する勇気。どれほどうまく跳ぶよりも見事だった彼女のリーダーシップは今でも忘れない。

人魚ジャパンのふたり

トモカ（福田朋夏選手）の抜群のスタイルとファッションセンスにはいつも感心してしまう。何を着ても「ファッションショー」を観ているみたい。

オフの日にみんなでショッピングにでかけても、トモカが「これチョーかわいい〜」と服を選んでいるあいだ、わたしはブティックの外で待つか、携帯ショップでＳＩＭカードを購入したりしている。でも、そんな趣味のちがいが何だか楽しい。

うつくしすぎるダイバー。トモカがプールサイドを歩くと芸能人オーラがただよってくる。モデルの経歴をもつ彼女は生まれながらに華やかさをまとってきたような人だ。でも、水のなかの彼女は華麗さに加え、さらに神秘的ですらある。おとぎ話から抜けでた人魚姫を思わせるダイブに周囲はうっとりせずにいられない。それは技術を超越した気品というべきものかな。まちがいなく彼女は天才である。

いっぽうハナコ（廣瀬花子選手）は無邪気な子どもみたいだ。とても行動的なやんちゃ坊主は放っておいたら、どれだけ深くもぐってしまうのだろう。遊び場の陣地とりにひとりバーッと走っていって、むこうで手をふっている。そんな感じの子がいた。チームの斬こみ隊長である彼女の行動力は、いつもみんなを勇気づけてくれる。でも、ときどき勢いあまってしまうこともあるのだ。

二〇一三年、ベオグラードでの記録会。ハナコはダイナミックで日本女子初の二〇〇メートルごえという、とてつもない数字を打ちだした。けれども、浮上後に審判へ正常な意識を伝えるプロトコルに失敗してしまう。ああ、もったいない――。

ハナコは幼いころに親戚のいる御蔵島で野生のイルカとよく遊んだという。それでイルカにそっくりなのだろうか。いや、実は人間としての彼女は仮の姿で、水にもぐるとほんとうのイルカにもどるのかもしれない。ときには結果や記録のことすら忘れるほど海になじんでしまう彼女は、トモカとはまったくタイプのちがう天才なのだ。

コミュニケーションと信頼

トモカとハナコ、それにわたしの三人は日本代表チーム「人魚ジャパン」として、数年間ともに世界大会に出場してきた。

遠征先ではずっといっしょなのだが、ホテルの部屋もそれほど広くはないし、ベッドもつながっている感じで、まるで入院生活をともにしているみたい。でも、狭い空間にいっしょにいても、あまりたがいのやり方に関心をもたないというか、受け入れ、また受け流すのが上手なのだろう。これまで、ほんのすこしだってイラついたことがない。

メンタルの高め方や集中のしかたも三者三様だ。みんなヨーガはやるけれど、そのほかに音楽を聴いたり、瞑想したり、ゆっくりお風呂に入ったり。わたしは宝物にしている灯台の写真集を眺めていたりする。

練習や試合のあとでも、陸上に上がり器材を片づけてしまえば自由時間は長い。そのあいだみんなの頭のなかは競技のことがぐるぐるとかけめぐっている。ずっと考えていると気持ちも疲れてしまうものだ。そんなとき、誰からともなく〝外にご飯食べにいこー!〟なんて声がかかる。

はじめての店で夜ご飯を食べるとか、街にでかけるとか、バカ話に興じるとか、動画観て笑うとか、競技とは全然関係ないことを三人でやって気分転換をするのだ。

天候の急変などで大会前の練習ができない日もある。いつも現地で水慣れしつつ水深を伸ばしていくから、練習日が一日へってしまうのは痛い。休みの日を削って充てることもできるけれど、本番に疲れていたらベストがだせない。練習するかオフにするかを判断するときでも、三人の意見はたいてい一致する。お互いの状態をよく見ているからだろう。

ほかの選手との距離をとるのが、みんなとてもうまいのだ。三人ともどこかつき抜けたところがあって、やることは自由奔放だけれど、お互いのコミュニケーションはしっかりとれている。たとえば、ちょっとでかけるときも、ひと声かけてからいなくなるとか、ちいさな気づかいを忘れない。そんなことも信頼を分かちあう秘訣なのだろう。だからこそ、お互いのプライベートに関心をもたなくても、相手が何を感じているかを慮ることができるのではないかと思うのだ。

仲間と成長する

フリーダイビングでの個人戦は、何回かの潜水でベストをつくせばいいし、また、自己記録更新という個人の目的に集中できる。自分一人が結果に責任をもてるから、ある意味では気楽である。

いっぽう団体戦は失敗できないという気持ちが強いから個人戦よりも大変だ。自分の不調は仲間に迷惑をかけてしまう。その思いはみんなおなじで、お互い、プレッシャーに押しつぶされそうなのが伝わってくる。

そんなとき、みんなの重圧を軽くしたいと心から思う。わたしにできることは——そうだ、わたしがうまくやることで仲間が楽になれるはず——前向きな気持ちがうまれるのはそんなときだ。それはメダルをとるとか記録をつくるという目的にはほど遠いけれど、チームのために、みんなのために、勇気をだす動機づけになる。

きっと、そうだ。あのときのマルだってメンバーを助けたい一心だったにちがいない。わたしはトモカとハナコといっしょに世界大会を経験するなかで、真のリーダーシップはチームメートを思う気持ちの先に芽生えていくことを知った。

リーダーシップはひとりの強い個性がチームを引っ張っていくことではなくて、お互いを思いやるチームにうまれる、ひとりひとりの個性のあらわれではないだろうか。つまり、リーダーシップは分けあうものなのだ。

フリーダイビングの魅力のなかでも、とりわけ団体競技の醍醐味は、仲間といっしょに成長していけることにある。

キライなことはがんばらない

水泳なんてイヤ！ イヤ！ イヤ！

二〇〇三年にフリーダイビングをはじめてから、わたしは水泳の必要性を痛感することになって、翌〇四年にせっせとプールへ通って泳ぎを覚えた。それまではまったくのカナヅチだったから、海やプールへ入るのはもちろん、シャワーで顔をぬらすのも大キライ。イルカと遊ぶときだけ、〃この空間を海とは認識しない〃という変な設定をつくってごまかした。

でも、厳密にはまったく泳げなかったのではない。いや、今から思うとやはりカナヅチにちがいないが、二五メートルくらい——クロールなら、そのくらいはすすむことができただろうか。

スポーツジムのプールでもクロールで泳いで、〃あ、イケるぞ〃なんて思っていたら、「だいじょうぶですか!?」とスタッフがあわてて飛んできた。何だかバシャバシャしているのが溺れているみたいに見えたらしい。ちょっと恥ずかしいし、ショックだった。そんなことがあったから、メグさん(松元恵さん)のフリーダイビング講習を受けたときもウォーミングアップの水泳は自主的にパスしていた。

実をいうと、わたしには水への恐怖だけでなく、水泳ときくとイヤ〜な思い出がよみがえってきて、それが、なおさら泳ぐことを躊躇させたということがある。

高校には室内の温水プールがあったので、プールの授業は多かった気がする。いかに苦手といえども、毎回ずる休みしてプールサイドで見学というわけにはいかない。もう決死の覚悟で水に入って醜態をさらすユウウツな日々が待つ。でも、あの日、隅のほうでイジケているわたしに体育の先生はいった——

「何メートル泳げるかなんて問題じゃない。チャレンジする精神こそがすべてだぞ」

何てスポーツマンなお言葉。先生が輝いて見えた。

ここはひとつその激励にこたえようと、わたしは夏休みにひそかに地元の市民プールで特訓を敢行する。というより一回行っただけで、なぜだろう。泳げてしまった。ポジティブシンキングが功を奏するとはこのことか。ひどくぶざまなフォームだけれど、沈まずに前にすすむのでびっくりした。〝わたしは泳げます〟——叫びたかった。

さて、二学期になり、いよいよ成果を示すときだ。水泳の小テスト。二五メートルコースをお得意のドラウニングスタイルでゆうゆうと、というか普通より数倍の時間をかけてバシャバシャすすむ。あと二メートル——あと一メートル——やった！　わたしはついに二五メートルを制したのだ——が、そのとき、

「失格！」プールサイドで記録をとっていた先生がわたしを冷たく見下ろしていた。

「壁をタッチしていないので失格。記録はなし。それに泳いでいるか溺れているか見わけがつかない」。ルールを知らなかったために頑張りは認められなかった。その先生がどなただったのかも記憶にないが、今でもこのことばを思い出す。

世のなかは理不尽なことだらけだけど、そんなものは社会にでてから知ればいい。体育でつまらぬ思いをしたおかげで、どうもね、水泳とはソリがあわないと思った。

やはり泳げないと

泳げなくても生活に困らないとわたしは安心していた。実際、わたしの人生はつねに水と縁のないところで回っていたから、それで何の問題もなかった。ところが、何としたことだろう。イルカと遊んだり、ダイビングにのめりこんだりするうちに、ウカウカできない状況がうまれてきた。やはり泳げないのはマズイな。水泳への絶対防御ライン

は外堀から徐々に埋められていったのである。

それにつけてもフィンの存在はありがたいものだ。これさえあれば大海にても沈むこともなく、水中だってスイスイすすんでいける。何て頼りになるヤツだろう。とりたてて泳がなくていいかなと、あくまでも水泳を逃げてかかる肚だった。

けれども、まったく泳がないのも具合の悪いもので、プール練習会のウォーミングアップにみんなが泳ぐときだって、「あ、お先にどうぞ」なんて端によけたりして、体育のときの見学者みたいになる。たまに興が乗って泳ぎのまねごとをしても、溺れているとかんちがいされる始末だから、先輩たちから「やっぱり水泳はちょっとできたほうがいいよ」とアドバイスをされた。何かトラブルがあったときに困るよ、と。

「たとえば、水のなかでフィンが脱げてしまうこともあるし、こわれることだってある。マスクに水が入ってしまうとか、海でもそういうもおこり得るんだ。そのときにフィンがなくても、ある程度浮いて立ち泳ぎできるとか、ボートにもどれるくらいの水泳の能力は必要だよ。それに、これからフリーダイビングの能力を上げていくなかで、プールのトレーニングはかならず入ってくるし」

たしかに小笠原でイルカを見ていて、うっかり溺れかけた。たまたま近くに人がいたから事なきを得たけど——水のなかでアクシデントが起こってパニックになる自分を想像するとゾッとした。それに、もしも泳げるようになったら、より本格的なダイビングの練習ができるのかと思うと、それにも興味があった。

それで、わたしはフリーダイビングをはじめてから一年たって、オープンしたばかりの浦安市屋内プールにふたたび通うことになる。こんどこそイチから水泳を覚えようと——。

明日へのクリスマス・ターン

プールでは各種水泳レッスンがおこなわれていて、誰でも当日の申しこみで無料のレッスンが受けられるという。無料！ すごいな。しかも、わたしが申しこんだ初級クラスの菊池コーチがとてもいい人だったのだ。

わたし、水泳が苦手でイヤでしかたなくて、ギリギリ二五メートル泳げるかという状態ですけどうまくなりますかときいたら、

「何をいっているの。だいじょうぶ、出来るよ！」といってくれた。

「水泳ができればフリーダイビングがもっと楽しくなるよ」

水泳のことは全然心配しなくてもいいという励ましで、何とかやれるような気がした

のだ。菊池コーチは今ではプールでお会いすることはなくなったが、いちばん印象に残っている尊敬する水泳コーチだ。

そうして定期的に初級レッスンに通うほかに、水着とゴーグルをもち歩き、行く先々のプールで自主練習を続けた。その合間にもフリーダイビングの練習もしていたから、水に入らない日はない。またしても、母親ゆずりの凝り性がでたようだ。

自主練習では最初フィンをはずして水に入るのがどうにも怖いので、歩くところからはじめる。最初は自分に甘く、やさしい内容からスタートして、「水が苦手」というブロックを解く作戦だ。水に慣れるために浅いプールを行ったりきたり。横を歩いていた年配の方から「あなたも膝を痛めましたか」なんて声をかけられたりした。

つぎに息つぎ。ビート板をこんなふうにつかって練習するといいですよ、とコツを教えてもらった。学校を卒業して十数年たってはじめて、水泳では水中で鼻から息を吐くということを知る。地道に続けていくとタイミングが会得できる。継続することによって突破口はかならず見つかるものだ。

はじめのうちはプールにいくと、まず歩いて、それからビート板で息つぎとバタ足練習、最後に二五メートルを泳いで終わるというメニュー。それがだんだんと歩く時間が短くなり、ビート板と泳ぐ練習が中心となって、やがて泳ぐだけとなる。はじめは二五メートルの練習から、ターンして五〇メートル泳げるようになり、さらに続けて一〇〇メートル泳げるまでに半年くらいの、ゆっくりペースで習得していった。

けれども、苦手の克服は何しろ我慢が必要だ。とくに最初の半年くらいは練習に行くのがおっくうでしかたない。そこで、練習が終ったらアイスを食べようなんて、子どもじみたご褒美を用意する。サーティーワンのラブポーションがいつも泳ぐモチベーションとなっていた。

一〇〇メートルのつぎは二〇〇メートル、そのつぎは三〇〇、四〇〇、五〇〇と泳げるようになると、息が上がらないようなスピード調節も同時に身について、一キロくらいいける自信ができてくる。そして、忘れもしない二〇〇四年の一二月二四日のこと。クリスマスイブの夜はみなさんお出かけでプールはすごく空いているから、今日は自分がどれだけ泳げるかためしてみようと思った。何ターンか覚えていられないので、そのときの自分の速さで一キロ何分ときめておいて、何分まで泳ぎ続けられるかを測ったのだけれど、同じペースで泳ぎ続けて、およそ二キロを泳ぎ切ることができたのである。

ああ、これでカナヅチ返上だ——と思った。

市民プールからでると、浦安の空に星は見えないけれど、頭の上からキャロルが静かに降りてくる。まるで自分を祝福してくれているみたいだった。

スキとキライのあいだ

基本的にキライなことはがんばらなくていいと思っている。これは以前ＯＬ時代もそうだったのだけれど、イヤだと感じていることは、いくら向きあってもあまりよい結果がでなかったような気がする。たとえば、わたしはＯＬ時代にビジネス文書を作成するのがちょっと苦手で——けっこう誤字やてにをはのまちがいが多くて——よく失敗した。もちろん、なるべくミスをしないように気をつけたけれども、どうもうまくできない。そこで、ある程度は不得手とあきらめてしまって、もっと得意な接客とかスケジュール管理といった方面で頑張って辻褄をあわせた。そんなやり方もそれはそれでよかったと思う。

けれども、いちどはキライだからとパスしたことが、あとになってもういちど自分の目の前にあらわれることがある。わたしの経験上、ふたたびあらわれたキライなことは自分にとって重要なことが多い。だから、こんどはパスをしないで真剣にとり組むべきなのだ。

スキとキライなことは表裏一体で、実はとても近い関係にあるから、スキなことを手に入れるためにキライなことを克服することがよくある。わたしにとって水泳がうまくできなかったのはイヤな体験だったけれども、それがあっての現在なのだ。

　スキとキライのあいだでわたしは多くを学んだ気がする。

もういちど初心者

デビューが記録会

　二〇〇三年三月に東京フリーダイビング倶楽部（TFC）に見学に行ったわたしは、フリーダイビングがとてもカッコイイと思った。ここに入会すれば教えてもらえるのですかときいたら、TFCは社会人が練習して楽しむところで、初心者への指導はしていないという。ほかで講習を受けて、自分の器材を買わないと入会できないというので、調べてみたら、「ビッグブルー」というダイビングショップで初心者講習があるらしい。
　そこの主催者の松元恵さん——メグさんはフリーダイビング日本チャンピオンである

とともに、一九九八年に日本人が世界大会にはじめて参戦したころからのメンバーで、いわば日本フリーダイビングの母ともいえる存在だ。

そして、映画『グランブルー』の伝説のダイバー、ジャック・マイヨールから直接フリーダイビングを教わった〃最後の愛弟子〃といわれる。もとはスキューバダイビングのインストラクターをやっていたが、ジャックさんとの出会いが転機となった。ジャックさんといっしょに素もぐりで海のなかに漂う気持ちよさに目覚めたという。

メグさんのことはフリーダイビングのDVDなどで観ていたから、ウェットスーツを着こんであらわれたときにはすごく興奮した。一泊二日の講習は、初日にまずは基本的なブリーフィングがあって、それからプール講習。翌日は海の講習で、夜はいっしょにご飯を食べたり、世界大会の写真を見ながらお話をきいたりする。

二日間で基本を教わると、すぐに二分くらいの息止めができた。筋肉の力をオフにする、いわゆる脱力のコツは、水に入る前にストレッチしながら気持ちを静めて、腹式呼吸をして心拍を整える。息をたくさん吸って、ふわっと止めると身体が脱力して、我慢しなくても息止めが長くなるのだ。

「ビッグブルー」での初心者講習を六月と九月に受けて、そのあいだも夏の小笠原に出かけてフリーダイビングへの気持ちも高まった一〇月、わたしはふたたびTFCを訪れた。ついに入会を決心したのである。ところが、タイミングの悪いことに——いや、よかったのかな——「今シーズンは来週が最後で、しかも記録会だよ」という。そのとき、すこし困った顔のわたしに係の人が「出てみる?」といったのだ。

「出ます」ほとんど反射的にわたしはこたえていた。

一週間後、わたしは真鶴でのTFC記録会のボートの上にいた。一本のロープを順番につかって競技をおこない、各自が事前に申告した深さのところについている札をとってくる。わたしはフィンありの二〇メートルを申告した。メグさんの講習では一八メートルもぐれていたから、二〇だっていけるかもしれない。

けれども、海の上でわたしは後悔する。何だかすごく深そうだった。

「二分前」といわれたとき、主催者の人にすこし浅くしてもらえませんか? といったら、「そんなのダメだよ」と笑われる。でも、「もうダメだと思ったら引き返せばいいんだよ」

——なあんだ、そうか。引き返せばいいんだ。全身が安堵感で満たされると、いつのまにかスタート時間がきて、深呼吸して、もぐっていた。

もうちょっと行ったら帰ろう。もうちょっと、もうちょっと。で、気づいたら下まで到達していて、札をとって上がることができた。

最後のところで〝お迎えサポート〟とよばれるセーフティダイバーがもぐってくれて、

ブラックアウトしないように併泳するのだけど、その人と目があったとき、何となくガッツポーズをしてくれたように見えた。

「よし！」そのまま浮上して、水面にでたときには苦しくもなく、余裕すらあった。

「アイムオーケー！」――力強い声で自分のフリーダイビングをスタートさせた。

世界大会のユウウツ

二〇〇五年八月、スイスのローザンヌへ向かう機内でわたしは、はじめて挑む世界大会を前に精神集中をこころみていた。

思えば慌ただしくすぎた日々だった。前年の今ごろは水泳を克服すべくビート板にしがみついていた。それが年末にはカナヅチを返上し、その勢いで挑んだ今シーズンは自分でも驚くほどの上達をみたのである。ヨーガを学び、あらたにインナーマッスルをトレーニングに取り入れたことも結果にあらわれたのだろう。

五月のプール競技の館山インドアカップではスタティックではじめて四分半台を記録して上位入賞となり日本代表に選ばれた。けれども、同年七月九日静岡県井田海岸でおこなわれた日本選手権大会中に事故がおきる。海洋競技中、セーフティスキューバダイバーをつとめていた高原与治さんが行方不明となってしまったのだ。わたしが新入りのころに〝タカにぃ〟から親しく声をかけていただいたのを思いだす。今でも毎年七月になると井田で献花の会がおこなわれている。

突然の悲報に気持ちはふさいでしまって、わたしは胸に重たいものを抱えたまま、大会開催地スイスへ向かった。

この事故によって、その後の国内大会での安全体制の見直しがおこなわれ、直後のスイスのプール種目の世界大会、フランスの海洋種目の世界大会では日本代表の派遣は自粛された。そのため、わたしたち選手団は日本代表としてではなく個人参加としての現地入りとなる。

何しろはじめての世界大会で期待感もあったけれど、おなじくらい不安もいっぱいだった。まあ、いつだって〝でたところ勝負〟で何とかなってきたし、今回も思いきってぶつかってみるしかないかな——。

ところが大会前の練習でまったく調子が上がってこない。日本では楽に四分以上の息止めができたのに、二分くらいしか止まらないのだ。こんなに悪いコンディションははじめてのこと。今思うと水温のちがいに問題があったのだ。日本の室内プールではだいたい二八〜九℃なのだけれど、ヨーロッパの人は寒さに慣れているのか、スイスのプールは二五℃くらいしかない。感覚がまったくちがう。それに気づかないまま事前練習を続けているうち、わたしの気持ちはどんどん落ちこんでいった。

それと、選手の宿泊施設として案内されたのが、現地ローザンヌの小学校の地下につくられたほんものの核シェルターで、これにはかなり驚き、ひどく気分が滅入った。厚い壁と扉のなかは装飾もない無機質な空間で、つまりは生きのびるための最低限の施設だ。シャワーも共用だし、ゆったりとしたベッドもなく、事務棚のようなところに細いマットが敷かれていて、そこに身体を横たえる。ひどく寒くて、風邪をひいてしまう選手もいた。夜、扉が閉まって灯りがきえてしまえば、まさに真の闇で鼻をつままれてもわからない。

スイスの核シェルターに泊まるなんてめったにできない体験だから、あとになって話のタネにはなったけれど、初の海外遠征で慣れないわたしは、練習でわけのわからない不調に苦しみ、夜はシェルター入りという状態にすっかりまいってしまった。すぐにほかの宿泊施設に移動したものの、そのまま本番に突入してしまう。何とかソツなくこなそうとしたけれど、日本での大会のときよりもずっと短い息止めしかできずに、十何位というふがいない結果に終わった。

これがわたしの世界デビュー戦だ。くやしくて、情けなくて涙が止まらず、泣き顔のまま撮られた写真が今も手元にある。もう思いだしたくないと引き出しの奥にしまったままだったが、何年かぶりに引っ張りだしたときには、それは古傷ではなく、自分が初心者のころを思いださせる、いい材料となった。

ラック＆ブルー

百戦錬磨のアスリートはいうだろう——「それは初心者によくあることだよ」。はじめのころは不思議な力に包まれて、何をやってもうまくいく。あるいはそう思えるだけかもしれないけれど、世界はやさしく自分を迎え入れてくれる感じがした。天性の素質が花開いたみたいな気になったものである。わたしはビギナーズラックということばを知っていたけれど、その真の意味をわかっていなかったにちがいない。

だから、魔法がとけたときには何もかもが力なく沈んでいった。昨日までの明るい世界はすっかり色を失ない、急にわたしにつめたくあたっているように感じる。自分ひとりが置いてけぼりをくったような寂しさ。初心者がおちいるブルーは、たんに失敗を引きずるといったものではなくて、現実に目覚めてとまどう——目が覚めて見るナイトメアのような——居心地の悪さなのだ。

さて、当然のことながら、初心者のラックとブルーにはそれぞれ理由がある。

ビギナーズラックは——文字通り初心者のまぐれあたりというなら——経験のなさゆえによけいな考えにとらわれずに行動したことが功を奏したことなのだろう。けれども、未熟さであるから知識もすくないし判断力も養えていない。早晩やっつけられてブルーの時期をすごすことになる。

わたしの場合でいうと、最初の記録会は無欲で参加することで好結果をうんだ——まさにビギナーズラックである。いっぽう最初の世界大会は経験の浅さで失敗した。ひどくブルーになったけれど、そのかわり水温の変化をウェットスーツで補うとか、事前のホテル予約まで含めた環境への適応術を学ぶきっかけとなった。

ラックとブルーはいずれも情報の有無がつくりだすのである。知らないことが強みになる、また、知ることで有利にもなる。そのために情報の取捨選択が必要になるのだが、それができるようになれば、もはや初心者ではない。

ビギナーズラックをつくりだす

ときどき、わたしは初心者にもどる。もちろん一五年前とおなじ自分になれるわけではないけれども、フリーダイビングをはじめたばかりの感覚をなるべくとりもどそうと考えている。

長く競技を続けていくなかでルーティーンができ上がっていく。それは自分が思い描く競技をおこなうための方法論だ。けれどもほかの人や環境とともにわたし自身も変化していく。経験をつみ重ねるうちに視野や思考が狭くなり、練習が惰性的になることがあるのだ。

そんなとき、初心者のわたしならどうだっただろうと想像してみる。知識と経験をつんだ現在のわたしではやらないことをしたにちがいない。上達するための情報やアイデアを探していた、好奇心をもっていたあのころの感覚をとりもどしてみよう。もしも突飛な方法が思いついたなら、それを実行すべきなのだ。おそらくそれは、ビギナーズラックに似た効果をもたらすだろう。

わたしはときどき初心者にもどる。ビギナーズラックの感覚を意識的につくりだすために——。

レジェンドの背中

ナタリアのいない世界大会

二〇一五年九月、キプロスの海洋種目世界大会はいつになく順調だった。コンスタントで申告した九〇メートルのボトムプレートを通りすぎるミスもあったけれど、無事にホワイトカードを受けとる。

しかし、調子がよいのにすこしもワクワクしない。どこか熱くなれない自分がいた。理由はわかっている。ここにナタリアがいないからだ。

ナタリア・モルチャノワ選手がスペイン沖で消息を絶ったというニュースは一か月前、キプロス大会へ向けて真鶴で練習をおこなっている最中に届けられた。はじめは性質(たち)の悪い冗談かと思った。あのナタリアが事故になどあうわけがない。水の女王が海で行方不明なんて、どうしても想像できなかった。正直わたしはキプロスにくるまで半信半疑で、ロシアチームに彼女の名前がないことを知ってすら、競技中にひょっこりとあらわれるのではないかと、気がつけば彼女を探していた。もちろんその姿をどこにも見つけることはできない。女王は海に帰って行ったのだと理解しなければならなかった。

二年前、ギリシャの海洋種目の大会だ。わたしが銀メダルをとったとき、表彰台の一段高いところには彼女がいた。横に立つと二の腕などはわたしの倍ほどはある。分厚い胸板に強靱さがみなぎっていて……いや、貫禄の差はたんに体格のちがいではない。あらゆる困難を乗りこえた者にこそそなわる気高い精神が彼女をおおきく見せるのだ。

〝わたしはどこまでも行く〟——そういう強いメッセージが彼女から伝わってくる。もはやそれは勝ち負けとか個人記録を伸ばすという価値観ではない。肉体と精神の鍛錬によってフリーダイビングの限界を広げてきた孤高の声なのだ。

世界中のダイバーがナタリアにあこがれて目標とするけれど、誰もそこにはとどかない。彼女自身が驚くべき速度で進化し続けるからである。わたしには表彰台の一段の差が高い絶壁のように思えた。ナタリアはそびえ立つおおきな山なのだ。けれども、けっしてこえることのできない山は立ちはだかるのではなく、わたしを高みにみちびいてくれる頼もしい存在だった。彼女がそこにいるから頂上をめざすことができる。

はるか高みを行くレジェンドの背中をわたしはいつまでも追っていたかった。

素顔の世界チャンピオン

ナタリアは年少時より水泳競技に親しんだけれども、二〇歳のころに結婚、そして出産を期にいったん遠ざかり、約二〇年のブランクを経てフリーダイビングをはじめている。四〇歳の新人は二〇〇三年、デビュー戦となるモスクワ大会でいきなり国内記録を打ち立てる。以来、一二年間にわたりロシアのエースとして個人団体あわせて二二個の金メダルを獲得し、四一の世界記録を樹立した。

・スタティック（STA）九分二秒
・ダイナミック・ウィズ・フィン（DYN）二三七メートル
・ダイナミック・ウィズアウト・フィン（DNF）一八二メートル
・コンスタント・ウエイト・ウィズ・フィン（CWT）一〇一メートル
・コンスタント・ウエイト・ウィズアウト・フィン（CNF）七一メートル
・フリー・イマージョン（FIM）九一メートル
・ヴァリアブル・ウエイト（VWT）一二七メートル

フリーダイビングのレジェンド、ナタリア（写真中央）

二〇一五年の時点でナタリアはフリーダイビングの大会種目のうちノーリミッツ（NLT）をのぞいた七つの種目すべての世界記録保持者だった。わたしは彼女の記録樹立の瞬間を何度も目のあたりにしている。たとえば、二〇一三年セルビア大会スタティック種目での九分ごえは、女子世界記録の更新にとどまらず、男子トップすらも抜く大会一位の成績だった。翌年のイタリア大会での団体戦でわたしたち人魚ジャパンはロシアに破れたのだけど、それはナタリアの迫力に押されたといっていい。彼女がダイナミックで記録した二三七メートルは二五メートルプールを約一〇回、息つぎなしで泳ぐのとおなじだ。五三歳のナタリアが牽引するのはロシアチームだけではなく、フリーダイビング界そのものだった。ダイブの限界を広げるのだという強固な意志に圧倒されたのである。

どんな練習をしているの――わたしが彼女にきいたのはいちどではないと思う。彼女は「自分にふさわしいトレーニングをするわ」といっていた。

ナタリアはとにかく泳ぐのが好きで、大会前の練習ではいつも水のなかにいた記憶がある。わたしたちはディープダイブ一本もぐれば、疲れてベッドでぐったりするけれども、ナタリアはダイブ後も陸に上がることなく、そのまま長距離泳いでクールダウンさせていた。おそらく一キロ以上は泳いでいたろう。そのあとで、さらに夕陽を見にウォーキングに行くという。

彼女がとてもタフなのはまちがいない。疲れを知らないという表現はいかにもふさわしいのだけれど、わたしが思うに彼女は水のなかで集中力を高めていたのだろう。たとえば、多くの選手が試合前におこなうヨーガや瞑想を彼女は一切しない。

「ヨーガは好きじゃないのよ」そんなことを本人からきいた覚えがある。

彼女はロシア州立大学で生理学の教鞭をとっていたから、トレーニングには独自の方法論があったのだろう。ロシアでは海の練習ができないので、よく飛行機でモスクワからエジプトまで飛んでもぐっていたそうだ。自らに課した緻密なスケジュールをこなすことが彼女の自信をささえていたように思う。

けれども、その自信が彼女の性格の強さと映ることもあった。あるとき滞在先のホテルで到着したばかりの彼女から、「ミミ、明日の日本チームの練習は何時」といきなりきかれた。わたしが予定をつげると、「わたしたち今着いて時差ボケだから時間をとり替えてくれない。よろしく」そういうなりさっさと部屋に入ってしまう。まるでとりつく島もない。

試合や練習では、確かに近寄りがたいほどの性格の強さを感じたけれど、プライベートではすごくやさしかった。ホテルの食事でも「ジョインしていい?」って、遠くからご飯をもってきてくれて、いっしょのテーブルで食べることも多かった。そうだ。大皿に山盛りのスイカを大好物のわたしたちは止めどなく食べたのだ。動物好きだから、移動中のバスでは互いの飼っているワンちゃんの写真を見せあって、よく盛り上がった。

「わたしをごらんなさい」——ナタリアのことばが耳に響いていてくる。

「ミミ、あなたはまだ若いじゃない。これからはじまるのよ」

去りゆく

二〇一六年のシーズンオフに篠宮龍三選手が現役引退を発表した。

二〇〇四年に日本初のプロ選手となり、フリーダイビング界をリードしてきた。二〇〇九年にはコンスタントで一〇七メートルのアジア記録をマークし、篠宮選手があこがれとするジャック・マイヨールごえを達成している。

世界大会では監督不在の日本チームは男子女子がお互いにサポートしあう。わたしのダイブのときには篠宮選手がついてくれて、また、篠原選手のダイブではわたしがヘルプすることも多かった。つねに状況を読む篠宮選手のアドバイスは的確で、どれほどわたしは助けられただろう。

二〇一〇年バハマ大会では一カ月前に現地入りして合同練習をおこなったことが忘れられない。当時わたしはコンスタントが伸び悩み、八〇メートルの壁をなかなかこえられずにいた。スランプ脱出のきっかけをあたえてくれたのは篠宮選手が話してくれた自身のダイブテクニック。ディープダイブのコーチを受けたことがなかったわたしには、これが大変参考になった。

アドバイスのおかげでわたしは練習中に八〇メートル台がだせるようになる。いっぽう篠宮選手はそのときのバハマ大会でコンスタント一一五メートルのアジア人記録をマークした。リューゾー、何てすごい人なのだろう。

『グランブルー』でフリーダイビングに目覚め、ジャック・マイヨールを追って、あえてプローダイバーの苦難を歩んだ。記録の上でマイヨールをこえて、名実ともに世界のトップダイバーとなったとき、篠宮選手はつぎにどこへ向かったのか。

「記録を更新しつづけて世界で活躍できなくなったときに、プロはプロでなくなる」

そのことばに篠宮選手の矜持を思う。けれどもわたしは彼のブログにつづられたことばにさらに胸が熱くなった——。

「いまは無事に競技人生を終えることができてほっとしています。これまで大切な仲間たちを海で失ってきました。心のどこかにいつも漠然とした死への恐怖感があったのです……これからは本当に穏やかな気持ちで海と向き合えるでしょう。むしろこれからが楽しみです」

ある誓い

ナタリアがいなくても、世界大会はすすみ、盛り上がり、表彰式がおこなわれ、みんなで海をきれいにして、今回もしっかりと終わっていく。

表彰台のいちばん高いところにわたしは立った。ナタリアはこの高さから何を見ていたのだろう。金メダルをとったけれど、わたしは彼女に並ぶことができない。ナタリアはいつまでも遠くて近い光となってしまった。

そのとき、わたしはナタリアからふたつのことを託された気がした。ひとつは一〇〇メートルへの挑戦と探究。もうひとつが彼女の死を無駄にしないためにも、安全なフリーダイビングの普及を一層すすめることだ。

わたしはジャック・マイヨールの弟子ウンベルト・ペリッツァーリが立ち上げたアプネアアカデミーのインストラクターでもある。そこでフリーダイビングのあるべき姿を学んだ。〝身体の声をきいて、エレガントにもぐる〟。

記録を追うだけでなく、これからは種をまく人になろうと思う。

記録に挑む理由

鉄鋼通りを向こう側にわたる

夕暮れどきにわたしは愛犬メイファをつれて散歩にでる。プールから帰った身体のクールダウンには近所をひと回りするのがちょうどいい。

ひととき凪いでいた風がまた動きだして、陸から海へと帰って行く。目には見えない変化を刻々と感じとれるこの時間の浦安がわたしはいちばん好きだ。

大三角の遊歩道を抜けて鉄鋼通りから見明川(みあげ)をこえると、やがて左になつかしい母校が見えてくる。わたしが小学生のころ、校門の前の通りがとてつもなく広く思えた。きっと子どもの目線がそう感じさせたのだろう。それに当時、通りの向こう側は工業団地と工事現場が海まで続いていたから、そこは子どもたちにとってたどり着けない場所だったのかもしれない。

信号待ちで車の流れが止まり、わたしは通りの向こうに目をやる。あそこのコンビニまで一〇メートルくらいだろうか。小走りすれば信号が変わる前にわたれるはずだ。むかし遠かった一〇メートルなんてこんなものだ。そして、今のわたしがたどり着けない距離もまたこの程度なのである。

　ナタリアのいない世界大会で一〇〇メートルへの挑戦を誓ってから、わたしは先にすすめないでいた。正確にいうと二〇一五年のバーティカルブルーで九二メートルをマークしてから二年間、わたしの潜水記録は伸びなかった。スランプは珍しいことではないし、七〇メートル台から八〇メートル台へのステップアップにも長いこと足踏みしたものだ。だから、成績の上がらないことをあせる気持ちはない。

　いや、むしろあせらないことが問題かもしれない。おそらく、わたしは慎重になりすぎているのだ。一〇〇メートルはまったくの別世界であり、ダイバーの身体への負担ははかりしれないほどおおきい。ナタリアがいなくなり、篠宮選手が引退したときにそれを痛感した。したがって、わたしがなすべきはたんに一〇〇メートルをこえることではなく、一〇〇メートルをもぐり安全に帰ってこられることの証明にある。そのためにどれほど時間がかかってもいい。

　けれども、一歩も踏みだせないなら、それは逃げていることとおなじだ。

　つまり鉄鋼通りを向こう側にわたってしまえばいいのである。一〇メートルすすんで、一〇メートルもどる。ただそれだけのことだ。海の下では途方もない距離だけれど、日常的な尺度で視覚化してしまえば、今この恐怖心をとりのぞくことができる。

一〇〇メートルをめざして

一九七六年一一月二三日。この日ジャック・マイヨールは人類史上はじめて素もぐりで一〇〇メートルの潜水に成功した。人間がけっして到達し得ないと長いあいだ考えられてきた深さである。

いや、それどころか二〇世紀半ばまで、人間の身体は四〇メートル以上の深海に耐えられないと潜水生理学の学者は口を揃えていった。水圧によって肺がつぶれてしまうというのである。だが、その常識も一九六六年にマイヨールが六〇メートル潜水したことによりくつがえされた。

最初にフリーダイビングの精神性を見いだしたのもジャック・マイヨールではなかったろうか。彼は脳の思考が身体の緊張に影響し酸素消費量が変化することを知っていた。そして競技にヨーガや禅をとり入れて水のなかでは自然と息を止め、リラックスして海へ溶けるようなフリーダイビングを実践したという。一〇歳のときに日本の唐津でイルカと出会ったことがフリーダイビングをはじめるきっかけとなったと伝えられるように、マイヨールと日本とのつながりは深く、七〇年に打ち立てた七六メートルの世界記録も伊豆沖でのダイブだ。

七〇年代前半はライバルのエンゾ・マイオルカ選手と激しく競いあったことは映画『グランブルー』にも描かれている。けれどもエンゾは一九七四年、世界記録樹立のアテンプトダイブで浮上中二五メートルの深さでブラックアウトをおこしてしまう。そのできごとがジャック・マイヨールをフリーダイビング競技から遠ざけたのかもしれない。

七〇年代後半のマイヨールは潜水生理学のための実験潜水に尽力する。イルカなどの水棲動物に特有の「ブラッドシフト」が人間の身体にもおこりうることが証明されたのも、潜水中に採血をしたり、静脈にカテーテルを心臓近くまで入れての潜水という、マイヨールの身をていした行為によるものだ。かつて人間は海に住んでいたのかもしれない。もっともイルカに近い人間とよばれたマイヨールのもぐった一〇〇メートル――最高記録は一〇五メートルだけれど――は、フリーダイバーにとって特別の意味をもつことになった。

篠宮選手がプロフリーダイバーを決心した日本記録樹立は七〇年のマイヨールの世界記録とおなじ七六メートルであり、場所もおなじく伊豆沖だったそうだ。篠宮選手はマイヨールが八六、一〇〇、一〇一、一〇五メートルと伸ばしていった世界記録をトレースするようにおなじ深度の日本記録でフォローしていく。マイヨールを心の師と仰ぐ篠宮選手のリスペクトであった。

現在のコンスタントウィズフィンの男子世界記録はナタリアの息子アレクセイ・モルチャノワが二〇一六年につくった一二九メートル。そして、女子はアレッシア・ゼッキーニが二〇一七年に達成した一〇四メートル。それまでナタリアはただひとり一〇〇メートルをもぐった女性だった。

一〇〇メートルを記録した日

今日が特別となる予感は朝からあった。晴れているけれど澄みわたる空ではない。波もすこしあるが、競技にさしさわることはないだろう。いってみれば平凡なロケーション。だが、すばらしい記録がうまれるのは、えてしてこんな日なのだ。

二〇一七年バハマ。バーティカルブルー五日目に廣瀬花子選手はコンスタントで一〇〇メートルの申告をおこなった。大会前からナタリアに続く女子二人目の一〇〇メートル到達を期待する声はおおきかった。それにこたえるようにハナコは大会開始早々九〇メートル、九五メートル、と順調にペースを上げてきた。

部屋をでるとき、彼女の表情は明るい。きっと後輩のサユル（木下紗佑里選手）の緊張を解きほぐそうとしているのだろう。もしかしたら耳の不調で今大会を欠場したトモカのことも頭にあるのかもしれない。オフィシャルトップでもぐる直前、彼女の横顔に覚悟の表情をかいま見た気がする。こういうときのハナコは断然強い。

時間にして四分足らず。けれども水のなかではそれが永遠といっていいほどに感じられる。今、ハナコは一〇〇メートルをもぐるダイバーが体験する宇宙飛行士のような感覚にいるのだろうか。暗い水の重みを思いだして、わたしは胸がしめつけられる錯覚を覚えた。やがて海面に水泡が立ちはじめる。水の色がゆっくりと変化して、ほどなく人影をくっきり映しだす。帰ってきた！

「アイム・オーケー」力強くこたえるハナコは笑顔だ。

笑顔だ！　――なんてすばらしいのだろう。彼女は浮上中にセーフティースタッフに手をふって見せたという。日本記録そして日本人女子初の一〇〇メートル達成はよろこびの笑顔にあふれていた。彼女のやわらかな肺は深海でもスクイズすることがない。まるで通りの向こうから歩いてきたみたいに、彼女はこの世界にあいさつをするのだ。

〝行ってきたよ〟――これこそわたしのもとめていたダイブだ。

ハナコ、本当におめでとう。日本女子として誇りだよ。

記録はわたしのなかに刻まれる

バーティカルブルー後半戦の廣瀬花子選手とイタリアのアレッシア・ゼッキーニ選手のたたかいはすごかった。ハナコが一〇〇メートルをマークした翌日、アレッシアは一〇二メートルのダイブを成功させて、ナタリア・モルチャノワが二〇一一年に打ち立てた一〇一メートルを六年ぶりに更新する世界記録をマークする。

アレッシアのすごさは今大会三回目の挑戦で記録をだすのだが、最初の二回は失敗してレッドカードを受けていることにある。レッドカードをもらうと普通の選手なら積極的なダイブがむずかしくなるというのに、何という精神力だろう。

ドラマが待っていたのは最終九日目だ。先にスタートしたハナコが一〇三メートルに成功してアレッシアの世界記録を三日後にぬりかえてしまう。このとき暫定世界記録保持者。一〇〇メートルのときもだけれど、どれほどの偉業をなしとげても、ハナコはいつもとおなじリラックスそのものだ。

ハナコのダイブからほんの十数分後にアレッシアがスタート。彼女は七日目に失敗した一〇四メートルへの再挑戦である。つまり、三度目のレッドカードを受けていたのだ。そして、結果は成功。またしても世界記録更新となった。

ナタリアの記録を破り、高次元で競いあったアレッシアとハナコに会場から拍手が鳴り止まない。わたしもこれほどの感動を覚えたのははじめてだ。そして、ハナコの競技中にはサポートに回っていた木下紗佑里選手はコンスタントフィンなしで六八メートルの金メダル、フリーイマージョンでも日本新となる八三メートルで銀メダルを奪取して、今大会での総合優勝に輝いた――おめでとうサユル（彼女は二〇一六年にコンスタントフィンなし種目でナタリアの記録を一メートル越える七二メートルを成功。日本人初となる世界記録を達成した。メンタルもフィジカルも無限大の可能性を持つ、世界のホープだ）。

仲間の活躍がどれほどわたしを勇気づけてくれるだろう。ナタリアを追って一〇〇をこえたのが自分だったらという気持ちがまったくなかったといえば嘘になる。けれども、そんなことよりわたしはこの二年間踏みだせずにいた一歩をようやく記録できたこと。その勇気をもたらしてくれたことに感謝している。

大会最終日、緊張と寒さで腕が震えたけれど、オフィシャルトップと同時に静寂のなかで深い集中とリラックスができた。タグはあっというまに目の前にあった。

九四メートル――わずか二メートルの更新だけれども、かけがえのないスモールステップは、すばらしい選手たちの忘れがたい活躍とともに、わたしのなかに永久に刻まれたのである。

壁を乗りこえる ―― いつか帰る旅へ

相棒（バディ）のひとこと

二〇〇六年館山のプールの大会で、わたしはダイナミックウィズフィンの一〇〇メートルに挑み、ブラックアウトをおこしてしまった。初心者にありがちな無茶をした末のみじめな結果である。それは失敗のくやしさなどというものではなく、またおこるかもしれないブラックアウトに対する恐怖心から、わたしはダイナミックという種目そのものがきらいになってしまった。プールの世界大会でもかならず入ってくる種目にもかかわらず、一年あまりのあいだは練習すら避けていた。

たとえばスタティックのほうが好きだからとか、今日はコンディションが悪いからというような口実をもうけて逃げていたのだ。そのため翌年の館山大会には不出場することとなる。当時、年一回の館山インドアカップは一大イベントで、プール種目の世界大会や、世界大会団体戦の日本代表選考がおこなわれた。それに出場しないことは、フリーダイビングから逃げることとおなじことなのだ。

「でも、それは練習していないからでしょ」

わたしが恐怖症から立ち直るきっかけは友人のそのひとことだった。

〝マー〟こと宮澤雅子さんはＴＦＣの先輩で、プールでよくいっしょに練習していた。お互いがバディとしていっしょに課題を考えたり、アドバイスなどもする。

あるとき「みみずんはダイナミックやらないの？」と彼女が口火を切ったのだ。

「私はいいや、向いてないと思う」および腰のわたしは自信のないそぶり見せたら、そこを察して、「練習してないからだよ」とひとこと返してくれた。

それはほんとうにシンプルなことばで、まっすぐわたしのなかに入ってきた。そうだった。練習してもダメだったら、それでまた考えればいい。そういう気持ちになってすこしずつ練習を再開することができた。

壁をつくるのは自分自身

何といっても気持ちの問題がおおきかったので、怖くない距離からはじめた。館山以外にもちいさなプールの大会がいくつかあって、そこにいきなり選手としての参加は怖いから、オープナー選手として参加させてもらった。まずは七五メートルとかの短い距離で出場し、そこで気持ちよく泳げるか、苦しさはないかを確認していく。だいじょうぶならつぎのオープナーでは九〇メートルというふうに、すこしずつ慣らして練習をくり返すうちに感覚がもどってきて、一〇〇、一二〇、一五〇と距離を伸ばすことができた。そして〇九年の館山にふたたびダイナミックでの復帰を果たす。気がつけばブラックアウト以前よりもはるかに距離も伸びて、日本記録を更新するまでに成長できたのである。

マーはわたしを見て、心のブロックに原因があるのだと見抜いてくれた。その上で「練習すればいいだけだよ」というシンプルなことばで、ブロックはとりのぞくことができることを間接的に教えてくれたのだと思う。あたりまえのことだけれども、練習すれば気持ちいいし、記録が伸びれば楽しい。ダイブをはじめたころのワクワク感がよみがえってきた。

わたしはつくづく考える。壁をつくりだすのは自分自身なのだと。己の心がきずいた壁のなかで身動きできずに苦しむことが人間の習性かもしれない。壁は自分を閉じこめるだけでなく外圧から身を守る術でもある。わたしは壁に身を隠していた。

しかし、逃げず、あきらめず、壁と向きあうことで解決策やヒントはかならず見つかる。その過程のなかで人は成長をするのだろう。わたしの場合は記録を伸ばすとか、あたらしい技を身につけることもそうだけれど、いわば自分でつくりだした怖れや不安を打ちやぶることが成長といえるのではないか。

もっとも、マーのことばがなければ、わたしはまだ二、三年は逃げ続けていたにちがいない。その後のダイビング人生もちがっていただろう。

わたしがマーのことばをまっすぐに受け止められたのは、彼女の感情とダイブがつねに安定しているからだ。彼女は基本的に無理をしない選手で、飛び抜けた記録をだすタイプではないけれど、堅実に練習をつみ重ね成績を残していく。ブラックアウトとも無縁だ。

誰よりも遠くへ行くことよりも、誰よりも確かに帰ってくることのほうが、大切なのである。それは彼女のダイブから学んだことだ。

帰るための旅

人が旅にでるとき、それが列車の旅でも、船旅でも、長距離飛行であっても、ふたたび帰れる旅だからこそ楽しみがある。見知らぬ風景が人々に旅情をかきたてるのも、やがてもどっていく日常があるからだ。帰るあてのない漂泊者には旅情なんてない。観光旅行、仕事の出張旅行、自分探しの旅、地球の裏側への秘境ツアー。目的地の先にあるのはきっと、もどるべき出発地のはずだ。

ましてや水深一〇〇メートルの深海へといざなわれるフリーダイビングは帰るための旅といっていい。

光もとどかない深海にとどまりたいと考えるダイバーがいるだろうか。『グランブルー』のジャック・マイヨールはイルカの世界へと旅立つけれど、それはあの偉大なダイバーの魅力的な暗示としても、現実には水棲人への変身をもくろむエクストリームダイバーなど存在しない。

そのときの限界をさとって引き返すアーリーターンはすぐれたダイバーの証しだ。アーリーターンを失敗と考えるのはむしろ初心者である。記録を伸ばすのはコンディションのよいときでいい。そのよい状態をつくるためにアーリーが必要となる。

〝身体にきかずに勝ちにいってはいけない〟――そういましめたのはほかでもない。ジャック・マイヨールその人だ。かつてマイヨールのダイビング・パートナーをつとめたメグさんは、深みを急いだときなどは、彼からきつく叱られたといっていた。そして、ジャック・マイヨールほどの人が五〇メートルの深さから苦しそうに上がってくる姿を見て気づいたという。彼のような王者ですら浅いところからすこしずつ慣らさなければ深海への旅にでられない。世界一のダイバーは並はずれた肉体をもつスーパーマンなどでなく、わたしたちと変わらない弱い人間だからである。

フリーフォールから深みへ落ちて行くとき、わたしはいつも目をつむっている。何かを見る必要もないからだ。視覚情報が精神安定を破るきっかけとなることもある。もっとも光のとどかない深海で目を凝らしたところで見えるものもないのだけれど。

くりかえすけれども、フリーダイビングは帰るための旅なのだ。

一〇〇メートルをめざすことは一〇〇メートルの潜水とおなじではない。むしろ、そこから一〇〇メートルの帰路にこそダイブの真髄があるのだ。

目をかっと開き、力強いキックを打って、全身全霊で浮上をこころみる。

いっぽう神秘をたたえる深海はわたしに〝とどまれ〟と命令する。魅惑的なセイレーン——うっかりとりこまれてしまいそうな——死の歌声。

わたしのなかにはサリン事件の風景がそのままにある。恐怖が冷たく息苦しい感覚をともなって、ときおりフィードバックしてくる。

それをふりはらうのは浮上する力だ。そうだ——あのときからだ。ダイブから浮上するたびに呼吸をするシンプルな行為が、死の恐怖からわたしを引きもどしてくれた。生きるよろこびを何度も知るために、わたしはダイブをしてきたのだ。

想像してほしい。水面まであと二〇メートルというところで、残された酸素も体力も限界に近づいている。苦痛と倦怠感が身体にまとわりつく。けれども、ふいに苦しさを忘れるのだ。差しこむ陽光は瞼にしっかりととどけられる。明るい感覚に身体が包まれる。どこに力が残されていたのだろう。フィンキックはますます強く、身体の内からうずくようなよろこびが湧き上がって止まらない。あと一〇メートル。フィンキックを静かに止め、身体の力を抜いて浮力に身をまかせる。

そして水面に達する最後の瞬間、フリーダイビングで経験できるもっともうつくしい光景に出会うことができる——。

地球の上、海の青さ、風のにおい、わたしたちが生まれたこの現実の世界。

ただいま。ありがとう。生きている。その幸せを伝えたい。

フリーダイビングの競技種目

フリーダイビング競技は、ひと呼吸での潜水を競うもので、大きく三種類に分けられる。

深度競技	どれだけ**深くもぐれる**か、**海洋**で**深さ**を競う
距離競技	どれだけ**長距離泳げる**か、**プール**で**距離**を競う
時間競技	どれだけ**長く息を止められる**か、**プール**で**時間**を競う

●深さを競う（海の種目）

選手は目標とする深さを事前に申告する。その深さまで垂らされたガイドロープの先には円盤状のプレートが備えられ、タグと呼ばれる札がつけられている。競技では選手がガイドロープ沿いにもぐり、このタグを持ち帰る。海面に浮上後、マスクなど顔面の装備を取り外し、審判に向かって手でサインをつくり、「アイム・オーケー」というまでの手順（サーフェス・プロトコル）を一五秒以内におこない、タグを示してジャッジの判定を待つ。

コンスタントウエイト ウィズフィン（CWT）

フリーダイビングの代表的な種目のひとつ。フィンを使い、人の力のみでガイドロープ沿いにもぐり、その深さを競うもの。身につけるウエイト（おもり）の使用や重さは自由だが、競技中の潜行と浮上では

常に重さが一定でなければならないため、コンスタントウエイトと呼ばれる。

また使用するフィンに規定はなく、好きなものを使用してよい。九〇年代には左右の脚につけるロングフィン(二枚フィン)が多く使われていたが、近年は両脚を揃えて装着するモノフィン(一枚フィン)が主流となっている。

CWT世界記録		
男子	アレクセイ・モルチャノワ	一二九メートル(二〇一六)
女子	アレッシア・ゼッキーニ	一〇四メートル(二〇一七)

コンスタントウエイト ウィズアウトフィン(CNF)

フィンなど推進力のつく器材は一切使わず、ガイドロープを手繰ることもせずに、自力でもぐり、浮上しその深さを競う種目。泳ぎ方に規定はないが、ほとんどの選手が平泳ぎのスタイルでもぐる。深度競技に必要な要素に加えて水泳技術や身体能力も必要とされるため、深度競技では難易度の高い種目と言われる。

CNF世界記録		
男子	ウィリアム・トゥルブリッジ	一〇二メートル(二〇一六)
女子	木下紗佑里	七二メートル(二〇一六)

フリーイマージョン（FIM）

フィン無しでガイドロープを手繰りながらもぐり、浮上してその深さを競うもの。ダイブタイム（全体の潜水時間）はフィン有りのCWT種目よりも長くなる。深度競技に必要な要素に加え、息の長さや、腕の力が必要とされる。手繰りながらスピードが調節できるのでウォーミングアップとしてもよく使われる。

FIM世界記録		
男子	ウィリアム・トゥルブリッジ	一二四メートル（二〇一六）
女子	ジャニーン・グラスマイヤー	九二メートル（二〇一六）

●距離を競う（プール種目）

選手は目標とする距離や時間を事前に申告する。競技では、申告を達成した後はどこで浮上してもよい。サーフェス・プロトコルについては海の種目と同じ。

ダイナミック ウィズフィン（DYN）

プールの代表的種目。水中を水平方向に泳いで距離を競う。フィンと手のかきの推進力だけですすむ。フィンの種類や、ウエイト量の規定はない。CWTとおなじくモノフィンをつかう選手が増えている。

DYN世界記録

男子	マティアス・マリナ	三〇〇メートル（二〇一六）
	ヨルゴス・パナジオタキス	三〇〇メートル（二〇一六）
女子	ナタリア・モルチャノワ	二三七メートル（二〇一四）

ダイナミック ウィズアウトフィン（DNF）

素手素足で水中を水平方向に泳ぎ、その距離を競う種目。ほとんどの選手が平泳ぎスタイルでもぐるため、水泳技術が必要となる。

DNF世界記録

男子	マティアス・マリナ	二四四メートル（二〇一六）
女子	マグダレナ・ソリチ	一九一メートル（二〇一七）

●時間を競う（プール種目）

スタティック アプネア（STA）

プールの代表的種目。選手は目標とする時間を事前申告する。競技は水面にうつぶせに浮いて息止めの時間を競う。酸素消費を抑えるために選手は身動きしないため、精神状態や、瞑想の深さが結果に大きく影響する種

© 山田周生

目である。

STA世界記録

男子	ステファン・ミフシュッド	一一分三五秒（二〇〇九）
女子	ナタリア・モルチャノワ	九分二秒（二〇一三）

以上が公式大会種目であり、このうちCWT・DYN・STAは世界大会団体戦でおこなわれる代表的な三種目とされている。

●特殊な海洋種目

公式大会種目以外に、個人の記録挑戦を目的とした二種類の海洋種目が実施されている。

どちらもスレッドと呼ばれるウエイトのついた機械につかまり、身体を動かさずに潜行することで、より深くもぐれるが、そのぶんリスクも大きい。競技の流れは、目標深度の事前申告から水面でのジャッジまで海の競技とおなじである。

ヴァリアブルウエイト（VWT）

スレッドにつかまって、その重さを利用しガイドロープ沿いにもぐり、浮上にはフィンを使用、もしくはロープをたぐり自力で浮上する。潜行と浮上で重さが変わるためバリアブル（可変）・ウエイトと呼ばれる。

VWT世界記録

男子	スタブロス・カストリナキス	一四六メートル（二〇一五）
女子	ナンジャ・ファン・デル・ブルック	一三〇メートル（二〇一五）

ノーリミッツ（NLT）

VWTとおなじくスレッドにつかまってもぐり、

浮上時はふくらませたバルーンにつかまって浮上する、ボートからのウインチで引き上げるなど、ひと息でもぐる以外に規定はないため「ノーリミッツ」と呼ばれる。フリーダイビング海洋種目では最も水深が深くなる種目で、人間としてどこまで深くもぐれるのかを目指すため身体的な負担とリスクは大きくなる。

NLT世界記録	
男子	ハーバード・ニッチ 二一四メートル（二〇〇七）
女子	ターニャ・ストリーター 一六〇メートル（二〇〇二）

競技はこうしておこなわれる

【申告】前日～当日

各種目とも選手は目標とする深度・距離・時間を事前に『申告』する。これは大会前日におこなわれることが多い。「申告」の内容は順位に関わる情報のため、漏洩しないようジャッジにより厳密に保管される。大会前にスタートリストが発表され、各選手の申告とスタート時刻「オフィシャルトップ」時間が知らされる。

申告に達しない場合は申告未達として減点対象となる。

申告を越えるパフォーマンスはプール種目では上限なく認められる。ただし、複数の選手が同記録をマークしたときには、申告と結果の差が少ない選手が上位となる。

いっぽう海の種目では申告深度にボトムプレートが設置されているために申告深度を越えてもぐる事ができない。

【ウォーミングアップ】競技開始四五分前

選手は各自のオフィシャルトップの前、四五分間にかぎり、ウォームアップゾーンとして設けられた水域に入水してウォーミングアップをおこなえる。また、競技者のコーチも同伴し水面サポートや撮影をおこなうことができる。選手はウォーミングアップ開始、または定められた会場チェックイン時間までは控え室などで自由に過ごすことができる。多くの選手はストレッチ、ヨーガや瞑想などをおこなってリラックスする。

【オフィシャルカウントスタート】
競技開始二分前

大会、競技会では主催者が設定した公式時間にしたがって競技が進行する。競技ゾーンに到着した選手に対して、競技スタート時刻となるオフィシャルトップの二分前よりオフィシャルカウントが次のようにアナウンスされる。

「二分前……一分三〇秒前……一分前……三〇秒前……二〇秒前……一〇秒前……五・四・三・二・一・オフィシャルトップ！　一・二・三・四・五……」

オフィシャルトップのアナウンスから、プール種目では一〇秒以内、海の種目では三〇秒以内に競技を開始しなければならない。オフィシャルトップから三〇秒経過しても競技を開始しなかった場合、スタート・キャンセル＝失格となる。

【競技中】

競技者が希望する場合、コーチ一名の同伴が認められており、スタティック種目では経過時間を声やタッチで知らせる役割を担う。浮上後のサーフェス・プロトコルを補助する為に、その手順を言葉で誘導することができる。ただし、選手の浮上後、判定前に選手にふれることは禁じられ、スタティック以外の種目では競技中の選手にコーチがふれるとその選手は失格となる。

【サーフェス・プロトコル】
浮上～一五秒以内

すべての種目で競技者は浮上後に意識が明確であることを示すために、サーフェス・プロトコルという下記の手順をジャッジに向けておこなわなければならない。

1　顔面のすべての装備（マスク、ゴーグル、ノーズクリップ）を取り外す。

2　ジャッジに向かって手で「オーケーサイン」を

一回示す。

3　声に出して「アイムオーケー」または「アイアムオーケー」と審判に向かって言う。

以上の三つの手順を順番通りに一五秒以内でおこなうことが定められている。その際に手順をまちがえる、1～3の間に余計な言動やサイン（エキストラシグナル）をおこなう、判定までに気道が水没すると失格となる。そのために選手は日ごろからサーフェス・プロトコルの練習をおこなっている。

【判定】

競技者のパフォーマンスは審判の判定によって記録が確定する。

判定は次の三種類のカードによって示される。

1　ホワイトカード（白い札）

オーケー。ペナルティ（減点）なし。

競技者が何の減点や失格なく、パフォーマンスがルールにそって成功したという判定結果。

2　イエローカード（黄色い札）

オーケーだが、ペナルティあり。競技者に軽度のルール違反があって、減点が科せられる判定結果。イエローカード判定のついたパフォーマンスは世界記録、日本記録としては認められない。

3　レッドカード（赤い札）

失格。競技者のルール違反による失格判定。記録は残らず、結果は〇点となる。

減点、失格の対象となるルール違反は次のとおり（二〇一七年七月時点のAIDAルールによる）。詳細は日本フリーダイビング協会ウェブサイト上にあるルールブックを参照してほしい。

●イエローカード判定となる減点行為

【全種目共通】

・オフィシャルトップ以前のスタート（オフィシャルトップ前に気道を水面にもどせばOK）

・結果が申告に満たない場合（申告未達）

［プール種目］

・オフィシャルトップ後一〇秒以内にスタートしなかった。
・ダイナミック種目でスタート、ターン時に壁をタッチしていなかった。
・ダイナミックで浮上時にプールの底を蹴る、手で床や壁を押す等により推進力を得た。

［海洋種目］

・浮上後タグを持っていない。
・フリーイマージョン以外の海の種目で潜行中にロープをつかんだ。
・安全性以外の何らかの理由でラニヤードを外した。

●レッドカード判定となる失格行為

［全種目共通］

・スタティック以外の種目で競技中に競技者の身体にふれた。
・オフィシャルトップから三〇秒以上経過してもスタートしなかった。
・浮上後に気道（口または鼻）が再度水没した。
・サーフェス・プロトコルを一五秒以内におこなえなかった、または手順通りにおこなえなかった。
・ブラックアウトと判定された。

［プール種目］

・ダイナミック種目でターン時に壁と一メートル以上離れていた、身体が水面に出たまま競技を終えた、クロールの動作をおこなった。

フリーダイビング用語

アーリーターン

海の競技において、申告深度に到達できず途中で引き返すこと。結果と申告深度の差一メートルにつき一点の減点およびタグを持ち帰らないことでさらに一点減点が適用されてイエローカード判定となる。

AIDA（アイーダ）

アプネア国際振興団体の略。フリーダイビングの公式記録の管理、世界大会の開催、教育・普及活動をおこなっており、AIDA公認競技会での判定が公式記録として認定される。

アプネア

ラテン語で「息を止める」の意味。フリーダイビングをさす言葉として使われている。

イエローカード

競技者に軽度のルール違反があって、ペナルティ（減点）が課せられる判定結果のこと。

ウエイト

フリーダイビングで選手が身につける「おもり」。浮力を減らし推進力を最大限に活かすために選手は自由な重さを選択できる。すべての種目においてウエイトの重さ、形状、装着する箇所の規定はない。ただし海洋種目ではウエットスーツの外側に装着し、クイックオープンリリースシステム（すぐに外せる仕組み）であることがルールで規定されている。

ウォーミングアップ

競技開始前の四五分間にかぎり、競技者はウォームアップゾーンとして設けられた水域に入水して準備動作をおこなうことができる。

オフィシャルトップ（OT）

競技スタート時間のこと。OTからプール競技では一〇秒以内、海の競技では三〇秒以内に潜水を開始しなければならず、またOT前に潜水することも減点の対象となる。

『グランブルー』

一九八八年公開のリュック・ベッソン監督による仏伊合作映画。伝説的ダイバーであるジャック・マイヨールをモデルとしているが、内容はフィクション要素がつよい。しかし、フリーダイビングの高い精神性が美しく描かれたこの作品にあこがれてフリーダイバーとなった者も多く、フリーダイビングの普及にはかりしれない影響をあたえた。エンゾ・マイヨルカ役の俳優ジャン・レノの出世作ともなった。

コンスタント・ウエイト

深度を競う海の種目で使われる総称。一定（コンスタント）の重さ（ウエイト）で潜行浮上する。

フィンあり（CWT）、フィンなし（CNF）、フリーイマージョン（FIM）の三種類があり、すべて同じウエイトで潜行浮上しなければならない。

サーフェス・プロトコル（SP）

競技者が浮上後に意識が明確であることをジャッジに示すための水面での手順。

1　顔面のすべての装備（マスク、ゴーグル、ノーズクリップ）を取りはずす。

2　ジャッジに向かって手で「オーケーサイン」を一回示す。

3　声に出して「アイムオーケー」または「アイアムオーケー」と審判に向かっていう。

以上の三つの手順を順番通りに一五秒以内でおこなうことが定められている。その際に手順をまちがえる、1～3の間に余計な言動やサイン（エキストラシグナル）をおこなう、判定までに気道が水没すると失格（レッドカード判定）となる。

水圧

水の重さによる圧力のこと。ゲージ圧とも呼ばれる。実際に水中へもぐると、この水の重さ(水圧)と大気の重さ(大気圧)の両方の圧力(絶対圧)がかかる。この圧力はもぐるほどに上昇するため、垂直にもぐるフリーダイビングではそれに応じた訓練が必要。フリーダイバーの肺内の空気はこの水圧に比例して圧縮されてゆくが(ボイルの法則)、東京海洋大学准教授 藤本浩一先生によると潜水反射等で胸郭内に血液が集まることにより、実際の肺の大きさはボイルの法則通りには圧縮されないことがわかっている。

スタティック・アプネア(STA)

水面にうつぶせに浮かんで息止め時間を競うプール種目。

セーフティダイバー

海の種目で競技者の浮上してくるタイミングで、一〇~二〇メートル前後までもぐり、水面まで競技者と共に浮上し異常がないか見守るダイバーのこと。万が一ブラックアウトをした場合は水中確保し肺内に水が入らないよう保持しながら浮上し水面レスキューをおこなう。

専門家の指導のもとに

フリーダイビングに関する記事には付随して、下記のような追記がされることが多い。

「専門家の指導のもとにおこなってください」「決して真似をしないでください」。

これは、フリーダイビングが危険を伴うものであることと、書いた記事内容によって起きた損害には責任を負わない旨を明記し、興味がある場合は専門講習の受講を勧めるものだ。フリーダイビング特有の深くもぐるテクニックは取り扱いに注意が必要で、情報発信する際は、たとえ個人のブログであっても、スキルの具体的な方法を開示したり、真似しやすい記述をしないように心がけたい。

ダイナミック・アプネア

水平方向の移動距離を競うプール種目。フィンあり(DYN)、フィンなし(DNF)の二種類がある。

ダイビングリフレックス（＝潜水反射）

潜水反射・潜水反応とも呼ばれる。水中で息がより長くなる、生命を守る様々な生理反応の総称。起きる要因は、

1　息こらえをおこなう
2　顔の一部が水に触れるか冷される
3　血中の酸素分圧が低下する

などによって起きると考えられ、その条件や影響など仕組みのすべてはまだ解明されていない。競技者の多くはこの反射の利用を意識したウォーミングアップをおこなっている。反射の主な兆候としては潜水中の心拍数低下、酸素消費量の低下、ブラッドシフト、脾臓の収縮など。ただ環境や個人の体質、経験、リラックスの度合いにより反射の出方や強さは変わるといわれている。

パッキング

潜水前、自力で吸える呼吸に加え、パクパクした動きで口を使い強制的に空気を肺に詰め込むテクニック。肺内の空気量が増えることで耳抜きの回数が増え、息も長くなる等のメリットがあるが、その反面で肺組織を損傷するリスクがある。胸郭の柔軟性が低い場合や過度のパッキングをおこなった場合は、肺の内圧が上がることで肺の気圧外傷、動脈ガス塞栓症、無症状での縦郭気腫が起こる可能性が指摘されている。フリーダイビングの各指導団体では、初心者段階ではおこなうべきではなく中上級者向けのテクニックとされており、十分な専門家の指導が必要だ。

パッキングブラックアウト

潜水前のパッキング中に起こる意識喪失のこと。ホワイトアウトとも呼ばれパッキングに伴うリスクのひとつ。意識喪失はブラックアウトとは違い、胸郭の柔軟性がないままのパッキングや過度なパッキングにより、胸郭が広がらないまま肺内の圧力が高まり、心臓周辺を圧迫して脳への血流が少なくなることでめまい、ふらつき、意識喪失が起こる。競技ではブラックアウトとして失格となり、他にも転倒してケガをした症例もある。

バディ

バディ＝Buddyは直訳すると「相棒」、「相方」の意で、水中で共に行動する相手をさす。フリーダイビングでもリスクに備えてすべての種目においてバディシステムで練習をおこなう。これは世界各国共通で、海ではバディで交互にダイブをサポートし合いながらもぐる。安全面だけでなく互いに協力し楽しさを共有できるバディの存在は、安心感が増し良いパフォーマンスにもつながる。

フィン

魚の足ヒレの意味。二枚フィン（バイフィン）とクジラの尾のような一枚フィン（モノフィン）がある。足に装着することで水中の姿勢が安定し、キックで効率よく進むことができる。素材はゴム、プラスチック、カーボンなどさまざまだが、フリーダイビングでは少ない力で強い反発力があるカーボンのフィンをつかうダイバーが多い。目的と使用する環境、脚力にあったフィンを選ぶことが大切だ。

フィンキック

フリーダイビングのフィンキックで基本となるのはバタ足（フラッターキック）と、全身をウェーブさせるドルフィンキックである。どちらも効率よいキックの技術を身につけることで、水の抵抗を減らし酸素消費量を節約できる。二枚フィンでのバタ足キックは競技だけでなく、サポートダイブやレスキューで必ず使用する。ドルフィンキックは二枚フィンで加速をつけたいとき、モノフィンを使用している時におこなう。どちらのキックもフリーダイビングでは必要なスキルだ。

プロテスト

競技会において選手が審判の判定に異議申し立てをおこなうこと。競技結果発表後一五分以内に審判に判定不服理由を申し立てる。審判団は記録ビデオをもとに多数決で再判定をおこなう。申請者は五〇ユーロ（五〇〇〇円程度）を支払う必要があるが、審判団によって正当性が認められた（たとえば失格判定がホワイトカード判定になった）ときには全額返却される。世界選手権などでは、選手が他選手の競技結果に対してプロテストすることもある。

ブラックアウト

息こらえ中、主に酸素欠乏によって起きる意識喪失のこと。通称BO（ビー・オー）と呼ばれている。ブラックアウトは意識を保てなくなる酸素レベルに達すると発生する。これは意識をシャットダウンすることで酸素の消費をより抑え身体を守ろうとする防御的な反応で、他の合併症状がなければ、ただちに死に直結するものではなく、適切なタイミングのレスキューでほぼ意識は戻る。ただし独りで起した場合は溺死する可能性が高いため、どんなベテランであってもプールであってもフリーダイビングは一人では絶対におこなうべきではない。また万が一にそなえセルフレスキューとバディによるレスキュー技術を身につけるなど、二重三重の準備が必要だ。

ブラッドシフト

潜水反射・潜水反応の生理作用のひとつ。身体の四肢など抹消の毛細血管が収縮し血液が生命維持に重要な心肺や脳など身体の中心へ流れ込む現象。海へもぐり水圧により起きると言われているが、陸上で横になった状態での息こらえ実験でもこの現象は起きている。大深度のダイブでは肺に血液が集まることで、肺の圧縮から守られていると考えられている。

フリーフォール

海洋種目の潜行中に使用するテクニック。水圧が増え体内の空気が圧縮されると、重力で身体が沈んでゆく。この現象を応用し途中から身体の動きを止めて、ボトムプレートまで落ちてゆく。酸素消費量が抑えられ肺をスクイズから守るため、多くの競技者が取り入れている。ちなみに深海へもぐるウェッデルアザラシも、フリーフォールでもぐることが研究で明らかになっており、わたしたち哺乳類が効率よくもぐる技術としては理にかなっているといえるだろう。

ブルーホール

ディーンズ・ブルーホール。バハマ共和国のロングアイランドにある直径二五メートル、深さ約二〇〇メートルの大穴。白い遠浅のビーチに、大きく青い穴が空いている光景は圧巻で、観光客も年々増えている。ブルーホールの水中の地形は水深五メートルあたりまですり鉢状になっており、全体的にはトックリのような地形。波も流れもないため、フリーダイビングの国際大会「バーチカルブルー」が毎年開催され、世界記録など大きなアテンプトダイブがおこなわれている。

ボトムプレート

海の種目で競技者の申告深度の地点に設置する円盤状のプレートで、競技者が持ち帰るタグがつけられている。

ホワイトカード

競技者が何のペナルティ（減点）や失格判定なく、申告したパフォーマンスを正しくやりとげたという判定結果。

耳抜き

海へ潜行中、水圧が大きくなると、耳の中耳（鼓膜の内側の空洞）の空気が圧縮され鼓膜が内側へ引っ張られる。このままだと鼓膜が破れてしまうため、何らかの方法で中耳へ空気を送り、周囲の圧と中耳の圧を均等にする「圧平衡」をおこなわなければならない。この中耳へ空気を送る方法が「耳抜き」と呼ばれる。耳抜きの方法は多種あるが、鼻をつまみ、息を吐いておこなうバルサルバ法や口と鼻腔の空気を利用するフレンツェル法などがフリーダイビングでは主流となっている。耳抜き法は修得が難しいものもあり、大きい圧変化にさらされることから、普段から練習することも上達のコツといわれている。

ヨーガ

伝説のフリーダイバーであるジャック・マイヨールがヨーガ実践者であることはモデルとなった映画『グランブルー』にもでてくるが、フリーダイバーの多くがパフォーマンス前のリラクゼーションや集中にヨーガを取り入れている。マイヨールは心の働きをコントロールすることで息が長くつづくという事実にもっとも早く気づいたダイバーといえる。

ラニヤード

海の競技で使用する、ガイドロープと身体をつなぐ安全ケーブルのこと。流れで身体がガイドロープから離れることを防ぎ、緊急時の引き上げも可能となる。競技では使用が義務づけられているが、通常の練習でも使用が奨められている。

リキッドゴーグル

フリュードゴーグルとも呼ばれる特殊なゴーグル。専門指導を受けたフリーダイバーや競技者が使用している。一般的な水泳用ゴーグルを改造したものが多い。ゴーグル面には特殊なレンズが付けられており潜水前にゴーグル内を海水で満たして使用する。ダイビングマスク内へ空気を送る「マスクブロー」が不要となり、その空気を耳抜きに使えるため、主に大深度の競技で使われている。レンズにより目の前のロープ付近にのみ焦点が合うため、セーフティダイバー役やレクリエーションダイブでは使用できない。あわせて鼻への水の侵入を防ぐノーズクリップの併用が必要となる。

岡本美鈴・略年譜

一九七三（昭和四八）年

一月三〇日　グラフィックデザイナーの父と母の長女として生まれる。三歳下に双子の妹、七歳下に弟の四人兄弟。生まれは東京都大田区大森。三歳まで暮らした大森の記憶は「毎日通るチンドン屋がカッコよくてあこがれた」ことだという

一九七六（昭和五一）年　〔三歳〕

千葉県浦安市に転居。「そのころ浦安中町あたりはまだ京葉線も東京ディズニーランドもなくて、土砂のうず高くつまれた埋立地にときどき野犬の群れが走っている。子どもの遊び場には格好の場所で」

一九七九（昭和五四）年　〔六歳〕

四月　浦安市立見明川小学校入学。小学校を通じて教室では目立たない生徒で、家に帰ると日暮れまで外で遊びまわる昭和の子どもだった。小学校高学年のころに、父に年二、三回、キャンプにつれていってもらったことが、後の自然好きの気持ちを育む

一九八五（昭和六〇）年　〔一二歳〕

四月　浦安市立見明川中学校入学。卓球部に入って熱中するも、一対一の対戦が苦手だということに気づく。「相手の眼が怖くておじけづいてしまった」

一九八八（昭和六三）年　〔一五歳〕

四月　東京都内の女子高に入学。高く跳ぶことにあこがれて新体操部のある高校を選び、自ら「燃える青春だった」と語る充実した三年間を送る。しかし、あまりにも新体操にハマってしまい、入学当初上位だった成績はあっというまにすべり落ちた

一九九一（平成三）年　〔一八歳〕

四月　短期大学に入学。体育大学の推薦もあった

が将来の就職を考えて経済学部を選ぶ。「テニスをしたり、車の免許を取ったり、合コンもしたり、普通の大学生活を満喫した」

一九九三（平成五）**年**　［二〇歳］

四月　大手電機系列のビル管理会社に就職。最初に事務職に配属されたが現場の世界にあこがれて、総合職へ転換を願い営業マンとなる。「毎日終電まで仕事して、それが楽しくてしかたなかった」

一九九五（平成七）**年**　［二二歳］

三月　地下鉄サリン事件に築地駅で遭遇。「あたりまえに夏がきて、クリスマスがきて、来年がくると思っていたけれど、明日はこないかもしれないって、リアルに感じた」

一九九六（平成八）**年**　［二三歳］

一二月　卵巣嚢腫で都内大学病院に入院。すでに患部が腹部全体に広がり、破裂寸前、一命をとりとめる。「またも死にかけて両親に心配をかけてしまい、さすがに反省しました」

一九九七（平成九）**年**　［二四歳］

七月　浦安市のキャンプ指導者養成講座を受ける。自然体験に興味をもち、数年にわたって小学生対象の野外教育活動にかかわっていく

一九九九（平成一一）**年**　［二五歳］

一一月　小笠原でスノーケリング初体験。ほぼカナヅチ状態なのでライフジャケットを着用。水中でイルカと自由に泳ぐスキンダイバーにあこがれる

二〇〇三（平成一五）**年**　［三〇歳］

二月　沖縄旅行帰りの飛行機でフリーダイビング日本代表選手と知り合い、フリーダイビングをはじめる。六月　元日本代表である松元恵の初心者コースを受講。

一〇月　東京フリーダイビング倶楽部入会。直後の記録会でCWT－二〇メートルを記録

二〇〇四（平成一六）**年**　［三一歳］

九月　初めての公式大会となるJAS主催・獅子浜記録会へ参加。CWT－三二メートル（イエローカード）。この年、市民プールに通って水泳を習い、カナヅチを克服する

二〇〇五（平成一七）**年**　［三二歳］

七月　インドアカップｉｎ館山でSTA四分三

四秒、DYN－一〇五メートル
八月　初の世界大会出場。AIDA世界選手権プール（個人・プール）スイス。STA四分一六秒、DYN－一〇〇メートル
AIDA世界選手権（個人・海洋）フランス。CWT－五二メートル

二〇〇六（平成一八）年　〔三三歳〕
八月　沖縄フリーダイビング・インビテーショナルで総合優勝　CWT－五七メートル、FIM－五〇メートル
一二月　AIDA世界選手権（団体）エジプトに日本代表参加。CWT－六一メートルで初めての日本・アジア記録樹立

二〇〇七（平成一九）年　〔三四歳〕
一月　日本フリーダイビング協会（JAS）理事に就任（二〇一三年まで）
八月　ディープウォーターカップ沖縄で総合優勝。CWT－六三メートルで日本記録更新
一二月　インドアカップin関西　STA五分九秒で種目別一位

二〇〇八（平成二〇）年　〔三五歳〕
二月　海の知識を深める為に小型船舶一級免許取得
三月　トラウマだったDYNの本格練習を友人のアドバイスにより開始
五月　インドアカップin館山　総合準優勝
STA五分四三秒で日本記録樹立
六月　沖縄フリーダイビング・カップで総合優勝。CWT－六六メートルで日本記録更新。STA六分四秒で日本記録更新
八月　ディープウォーターカップ沖縄で総合優勝
FIM－五七メートルで日本記録タイ
九月　AIDA世界選手権（団体）エジプトに日本代表参加。日本初の女子チーム銅メダル獲得

二〇〇九（平成二一）年　〔三六歳〕
五月　インドアカップin館山　DYN－一六一メートルで日本記録樹立
七月　ディープウォーターカップ沖縄で優勝
CWT－六八メートル（自己ベスト）
八月　AIDA世界選手権プール（個人・プール）デンマークに日本代表参加。STA六分一七秒・

DYN－一七四メートルでともに日本記録更新

九月　東京フリーダイビング倶楽部主催第二回素潜り王選手権FIM－六二メートルで日本記録更新

一二月　AIDA世界選手権（個人・海洋）バハマに日本代表参加。CWT－七二メートルで日本・アジア記録更新

二〇一〇（平成二二）年［三七歳］

三月　NPO法人エバーラスティング・ネイチャーとパートナーシップ契約を結び、海洋環境保全PR活動「Marine Action」を立ち上げる

三月　千葉県・佐倉市より表彰される

四月　バハマ国際大会バーティカルブルー参加。CWT－七四メートルで日本・アジア記録更新。FIM－六四メートルで日本・アジア記録更新

七月　AIDA世界選手権（団体）沖縄に日本代表参加。日本初の女子チーム金メダル獲得

一〇月　第二回真鶴フリーダイビングクラシックCWT－七五メートルで日本記録更新

一二月　インドアカップ京都グランプリ　STA六分一二秒（自己ベスト）

二〇一一（平成二三）年［三八歳］

五月　インドアカップin館山で総合優勝

九月　AIDA世界選手権（個人・海洋）ギリシャに日本代表参加　CWT種目三位銅メダル

一〇月　AIDA世界選手権（個人・プール）イタリアに日本代表となるがギリシャで体調を崩し不参加帰国

二〇一二（平成二四）年［三九歳］

二月　麗水世界博覧会（韓国）日本館オフィシャルサポーター就任

三月　NAUIスキューバダイビング・インストラクター資格取得

五月　インドアカップin館山で総合優勝

ウンベルト・ペリツァーリ主催Apnea Academy フリーダイビングインストラクターコース（エジプト）参加、合格する

七月　ディープウォーターカップ沖縄で総合優勝

九月　AIDA世界選手権（団体）フランスで、団体戦女子「人魚ジャパン」金メダル

一一月　バハマ国際大会バーティカルブルー参加。CWT－九〇メートル金メダル、FIM－六〇

メートル銅メダル、ともに日本・アジア記録更新

二〇一三（平成二五）**年**　［四〇歳］

九月　AIDA世界選手権（個人・海洋）ギリシャ日本代表。CWT−八六メートル銀メダル

二〇一四（平成二六）**年**　［四一歳］

九月　AIDA世界選手権（団体）イタリア「人魚ジャパン」銀メダル

一一月　バハマ国際大会バーティカルブルー参加。CWT金メダル。CWT−九一メートルで日本記録・アジア記録更新

二〇一五（平成二七）**年**　［四二歳］

五月　バハマ国際大会バーティカルブルー参加。CWT金メダル。CWT−九二メートルで日本記録・アジア記録更新

九月　AIDA世界選手権（個人・海洋）キプロス参加。CWT金メダル（日本人初）、FIM銅メダル

二〇一六（平成二八）**年**　［四三歳］

四月　（一社）アプネアアカデミーアジア理事就任。神奈川県真鶴町の観光大使に就任

九月　AIDA世界選手権（団体）ギリシャ「人魚ジャパン」優勝、金メダル

二〇一七（平成二九）**年**　［四四歳］

五月　バハマ国際大会バーティカルブルー参加。CWT−九四メートル（自己ベスト）

七月　『真鶴フリーダイビングフェスティバル』主催

※「Prunaフリーダイバー岡本美鈴オフィシャルサイト」（http://mimidive.com）を参照して編集部が作成しました。

エピローグ

指導者をめざして

パニック

長くダイビングをつづけていると、ちいさなアクシデントにはよく見舞われている。それはうっかりミスが原因のときもあるし、何かの偶然が重なって思わぬトラブル発生なんてこともなくはない。どんな場合も冷静に対処すれば大事にならないけれど、突然のことに驚き、あわててしまうことで、とんだ危険をまねいてしまう。

わたしは一度だけ、ささいなアクシデントから、水のなかで自分を失うほどの混乱をきたしたことがある。

数年前、バハマのブルーホールでトレーニングをしていたときのことだ。垂らしたガイドロープに沿って五〇メートルほどもぐって、さあ帰ろうとしたとき、ガイドロープと自分の手首をむすんでいる安全ケーブルが引っかかってしまった。

〃大変だ。これじゃあ上がれない〃全身にサーッと冷たいものが走るのを感じた。水のなかでさらに冷水を浴びせられる感覚というと妙だけれども、身体が恐怖にとらわれ、まるで自分のものではなくなると、おかしな感じ方をするものだ。

実はこうした事態に備えて、すぐにケーブルを外せるクイックリリースという機能がついているから、何かあってもロープ沿いに帰れるようになっている。それはわたしも知っていたのに、基本の知識も吹っ飛ぶほどのパニックぶりだったのだ。

水深五〇メートルにとどまって、わたしはきつくしめた手首のバンドを一心にはずそうとした。皮がはがれたってかまわない。早くしないと戻れなくなるぞ。それはもう固定した腕時計をむしりとるようなもので、易々とはいかないのだけれど、必死に引っ張ったのか、あるいは噛み切ったか、はずれるはずのないバンドをむしりとり、あわててロープにしがみつきながら上がった。

水面ではなかなか浮上してこないのでバディの仲間達は心配していたのだけど、そこへ顔面蒼白のわたしが上がってきたから、さらにびっくりして、「だいじょうぶですか！」って叫んでいた。

しっかりと深呼吸をして、数分後にようやく落ちついた。そして冷静な頭で考えれば、何も危険なことはなかったことに気がつく。ただ、わたしが海のなかでパニックを起こしただけ。パニック？　なぜそんなことになったのだろう。

わたしはよほど経験をつんだつもりになっていた。ダイブは欲をかかず、無理さえしなければ、安全に帰ってこられるものだと信じていたのである。けれども、それはまったくの過信だ。予期せぬアクシデントに出くわしただけで、わたしは自分を失った。どれほど経験をつんでも、人はパニックになってしまうことを、この悪いジョークのような経験から学ばなければならない。

今では、つねに非常時の練習を欠かさない。あたらしい機材をつかうときにはどういう機能があるのかを調べた上で、いざというときを想定した練習をする。まるでヘマをするための練習みたいだから、はたから見るとおかしいだろうけど、二度とパニックにならないために、わたしはこのおかしな練習を欠かすことができない。

自分のメソッドを伝えたい

わたしは二〇一一年にスキューバダイビングのインストラクター資格を取得した。なぜスキューバかというと、スキンダイビングのインストラクター制度が数年前に廃止されてしまったためだ。そこでダイビングショップからの紹介でＮＡＵＩのイントラコースにお世話になったのである。レジャーでおこなうスキューバは競技のフリーダイビングとはまったくちがう。けれども、スキューバダイビングの講習にはスキンダイビングの基礎も含まれるし、何より海へ入る最初の段階の指導法が確立されている。フリーダイビングの競技会ではタンクを使用した減圧もおこなうし、水にもぐるという点でおなじフィールドだから、きっと役に立つにちがいないと思った。

当時、インストラクター資格をとるフリーダイバーはけっこういたけれど、実際にイントラになる人はずっとすくなかったと思う。うまくなるために資格をとるという人も相当いて、わたしも知識を深めて競技に活かそうという気持ちがあった。

さらにいうと、何年もトレーニングをつづけて、競技に参加するうちに、他の人のダイブに目がいくようになっていた。そして、もっとこうすればいいのにとか、ちょっとこれは危ないパターンだなとか気になったものである。

ちょうど自分であみだした独自の練習法が実をむすびつつあり、それを他の人にシェアしたいと思ったし、自分がうまくいったメソッドをみんなに試してほしいという思いが強くなっていた。

そこでイントラになれば、何かわたしにも伝えられるのでないかと思ったのだ。

険しい道のり

自分の方法論を伝えたいという思いでスキューバイントラの門を叩いたのだけれど、実際に講義を受けてみて自分の力不足がすぐにわかった。人に何かを伝えようとするための大切なものが、わたしにはまるで足りないのである。

たとえば、わたしは深くもぐるテクニックは教えられても、まったくの初心者に足ヒレの履き方から安全に水に慣れる方法までを理路整然と教える方法をもっていなかった。それどころか、わたしはごく自然にもぐっているつもりだが、それは本当に正しい方法だろうかという疑問すらわいてくる。ダイブを完全に理解していないな――そういう見方が教える側に立つことでうまれてきた。それは自己分析のよい契機となったのだけれど、そのときはうまく伝えられない自分を知ってしまい、指導者になることは果てしなく険しい道のりに思えてならなかった。

それというのも、スキューバイントラのカリキュラムは完璧で、指導者には正確さが要求されるものだったためだ。ひとつのミスが海難事故につながりかねないスポーツだからこそ、教え方も洗練されなければならない。それこそはじめて顔を海につけるような人が海底散策できるまでを、安全にステップアップする教材には、まったくの無駄がないのだ。インストラクターは教材を消化した上で、自分の言葉として伝えていく。何しろ座学もプールも海の講習もあるから、そのための訓練は何というか、死ぬほど大変なのだ。

それで、資格取得試験に向けてダイビングショップの先生が特訓してくれるのだけど、インストラになると決めた以上、先生もお客ではなくて指導者候補として接するから、すごく厳しい。いや、大人になってからこんなに怒られるなんてことは、人生における衝撃体験であった。

「人の命をあずかる仕事なんです。もっと重々しく考えてくれないと困る」——そういう横山正夫先生は基本八日間のコースにもかかわらず——あいだに世界大会がはさまったりしたために——約一年半にわたり徹底的にご指導いただいた。

ダイビングショップ内で朝八時から夜八時までびっしりと立ち稽古。お題をだされて講義の準備をおこない、あとから横山先生が生徒役となり、こちらは先生役で模擬授業をおこなう。教科書は一字一句全部覚えろといわれる。けれども覚えのわるいわたしは毎回のように怒られて、その晩は徹夜で勉強したものだ。

怒るといっても怒鳴るのではなく、「……自分のどこが悪かったと思うの?」と、沈黙の〝間〟をもたせてくる。それがとても怖くて、あるときなど血の気がサーッと引いて、両手足が冷たくなっていくのがわかった。うわっ、ブラッドシフトだ――生命を守るための潜水反射を海の外で経験するのははじめてだ。それほど、横山先生の指導は世界大会で競技するよりも緊張するものだった。

あの苦しく学んだ日々はわたしの宝物となっている。あのときの体験があるから、今がある。ダイバーの悩みをしっかりと聞いて、明解にそれに応えられること。ほんとうに大事なことをかみ砕いて伝えることは、深くもぐることとまったくちがう能力なのだ。

横山先生は――ほんとうは先生というと怒られるのだけど――わたしがインストラクター試験に合格すると以前の横山さんにもどっていた。茶髪の気さくなアニキ。わたしが迷ったときに相談にのってくれる、絶対的に信頼できる人である。

最後に行くべきところ

スキューバのイントラ合格後、すぐにエジプトへ飛び、ジャックマイヨールの弟子、ウンベルト・ペリツァーリが主催するアプネアアカデミーのフリーダイビングインストラクターコースに参加した。過酷なスケジュールで失格者もでるコースなのだが、このスキューバインストラの経験で精神的にも鍛えられた私は、余裕をもってウンベルトに合格をもらうことができた。

インストラクター資格を取得して、わたしは指導者への一歩を踏みだしたばかりだ。今は何人もの生徒をもち、フリーダイビングの初心者向けから、実戦的な指導までおこなっている。それにあわせてヨーガやフィンスイミングの講習会もひらく。

生徒のなかにはテレビやネットなどでわたしを知って、「わたしもカナヅチなんですけど、ダイビングできるようになりますか?」なんて子もいる——もちろん! できるよ!! そう聞いてもらえるとほんとうに嬉しくなってしまうのだ。

ただ、指導する側に立ってみると、自分のメソッドを伝えたいという思いは以前ほどなくなった。もちろん、試合に際してありったけのノウハウを授けるけれど、むしろ選手たちの自然な開花を見守っていくことがわたしの役目だと思っている。

それよりも今は安全なダイブを追及することへの意識がつよくなった。わたしのところへきてくれる若い人たち全員がフリーダイビングのすばらしい瞬間を経験するために、いかに安全なダイブにみちびけるか。それがわたしの役目と考えている。

けれども、それが一朝一夕に成し遂げられる仕事でないこともよく理解している。なぜなら、指導者として規範をしめすべきわたし自身が、水のなかでパニックをとめることができなかったのだ。

フリーダイビングの絶対安全なメソッドは論理的思考によって導きだされるものだが、それが現実の体験のなかで形づくられていかなければ意味をなさない。

そう考えると、これからわたしのめざすものは水深一〇〇メートルへの到達であったり、メダルの獲得という個人記録であったりもするけれど、そのもっと先にあるものはセーフティダイブの実践者であろうと思っている。

わたしのひとつの目標は、歳を重ねても、できる限りディープなダイブをしていくこと。それが安全なフリーダイビングを世界に証明することにもなる。わたしが最後に目指すところはそこだと考えている。


最後まで本書をお読みくださった皆様、ほんとうにありがとうございました。

この本はフリーダイビングを通じてわたしが体験してきた世界を思うままにつづったものです。わたしのこれまでの競技人生はいくつもの幸運にめぐまれたものの、けっして成功物語ではなく、むしろ失敗の連続でした。けれども、「そういう体験談がいろんな人に役立つんだよ」というアドバイスをいただいて、わたしなりに「うまくいかない人生とのつきあい方」を書いてみました。

でも、書くというのはむずかしいですね。つい話がとっちらかってしまって――まあ、わたしらしいともいえるのですが――読みにくいものになっていないか不安です。せめて、フリーダイビングの魅力の一端でもお伝えできたなら、とても幸せに思います。

また、この場をお借りして、日ごろより温かく応援してくださる皆様――ありがとうございます。本文中にはご縁のある方々に一部仮名でご登場いただきましたが、ここに書ききれない多くの方々に支えられてきました。フリーダイビングは、ほんとうにたくさんの人の力でおこなわれていることに感謝しない日はありません。

最後に遅筆なわたしを辛抱強く勇気づけてくださった担当編集の熊谷満さん。ありがとうございました。

岡本美鈴

二〇一七年九月

岡本美鈴（おかもと・みすず）
1973年東京都出身。26歳のとき、テレビで偶然見た小笠原の海に魅せられる。イルカと泳ぐことを夢見たが当時はカナヅチ。地下鉄サリン事件に遭遇した後、30歳でフリーダイビングを始める。持ち前の探究心で次々に記録を伸ばし、2006年には日本記録を樹立。2015年の世界選手権で日本人初となる個人戦金メダリストとなる。現在も日本代表として世界各地を転戦しながら、講演などを通じて海とフリーダイビングの魅力を伝え続けている。愛称は〝みみずん〟。

平常心のレッスン。
カナヅチでフツーのOLだったわたしが
フリーダイビングで世界一になれた理由

2017年11月15日　初版第１刷発行

著者……岡本美鈴

編集協力……冨岡一成
ブックデザイン……宮脇宗平
編集……熊谷 満
発行者……木内洋育
発行所……株式会社旬報社
〒162-0041
東京都新宿区早稲田鶴巻町544　中川ビル4F
TEL：03-5579-8973
FAX：03-5579-8975
HP：http://www.junposha.com/
印刷製本……中央精版印刷株式会社

ISBN978-4-8451-1511-2